校則を考える

――歴史・現状・国際比較――

大津尚志 著

晃洋書房

はしがき

　今日、校則という語句を聞いた記憶のない人はほぼいないであろう。校則という言葉が話題にされることが、近年になってまた増加している。校則の内容や「厳しさ」が、中学３年生にとっての受験する高校の「選択基準」の一つとなっていることさえある。大阪府立高校では「入学後のミスマッチ」（『毎日新聞』（大阪版）2018年６月13日）を防ぐために、校則のホームページによる公開が行われている。ところが、中学校や高校が校則を定めなければならないという明文による法的根拠は、明治時代から今日に至るまで存在しない。戦前から「生徒心得」が定められることはあったが、その形態はさまざまであり、統一された形式でないことは今日に至るまで続いている。

　校則はあくまで、「校則」とカッコつきで表記するべきとも思われる。本書でカッコつきで使用していないのは煩雑さを避けるためである。ではなぜ、「法的根拠」のないものが、万人が存在を知るものとなっているのか。日本の教育行政においては、法令による明文の規定以外が実は影響力をもっていることも多い。

　校則とは法的根拠のないものであって、判例上は校長に制定権があるとされる。しかし、もし校則を改正する必要あると思われたときにはどうすればよいか。校則自体に改正手続きが全く書かれていないことは多い。生徒にとっては、校則に問題があると感じてもそれを改めるにはどこに働きかけるべきなのかも不明確である。校則の内容も各学校によってさまざまである。

　それでは、いかなる歴史的過程を経て、今日校則と呼ばれるものができあがったのだろうか。今日の校則の問題点はどのように存在するのか。外国において校則にあたるものには、どのような実態があるのだろうか。

　校則の定義としては、さしあたり「各学校で定められた、学校全体に適用される明文化された生徒にむけての生活指導規準」と定義しておく。校則とは、どこまでの範囲を指すのかは、法的根拠がないゆえに、アバウトにならざるをえない場合がある。学習指導と生活指導の境界も明確に引くことはできないが、基本的には生活指導の領域に重点があるとはいえるであろう。校則の機能を果たすものが県単位で定められていた時代もある。今日でも、学校には「明文化されない暗黙のルール」が存在することもあり、ある部活動参加者のみに適用

される「部則」が存在する場合もある。また、校則が事実上空文化されていることもありうる。また、校則が「細かく規定されていない」からといって、明文によらずに生徒にとっての「厳しい指導」が行われることもありうる。

　現在、校則と類似した機能をもつものとしては、「学則」がある。現在では学校教育法施行規則第2条以下により、私立学校では「学則」の制定が義務付けられている。公立学校においては、「県立学校学則」「〇〇高等学校学則」など、県単位（教育委員会規則として）あるいは学校単位の学則がつくられていることがある。それは、校則とも一部範囲が重なることもある。

　本書は校則について、現状の分析とともに、歴史的視点、多国間比較的視点からみることをとおして、多角的な視点からその内実をみることを目指すものである。国際比較の対象は、フランス共和国とアメリカ合衆国とする。

　なお、資料の引用にあたっては読みやすさを考慮して、片仮名を平仮名に改める、旧漢字を新漢字に改める、濁点を打つ、必要と思われる箇所にはルビをつける、などを行っている。縦書きを横書きに改めることのほか、漢数字をアラビア数字に改めたところもある。また、傍点はすべて筆者によるものである。

　2021年4月

　　　　　　　　　　　　　　　　　　　　　　　　大津尚志

目　　次

はしがき

第1章

校則の歴史　戦前

　ここでは、戦前の校則（にあたるもの）について通史的にふりかえる。そのあとに戦前の小学校、中学校・高等女学校等において、現在にまで問題となりうるトピックとして、「服装・髪型」の問題、および学校紛擾（紛争）と生徒心得の関係の問題がどのように存在していたかをみる。

1　明治前期の校則

　江戸期の寺子屋には「掟書」がつくられていたことがあった。それは、乙竹岩造の調査研究によれば、調査対象2569件のうち23パーセントであった。[1] 多くの寺子屋では、系統だった規則は存在しなかった。褒賞（文房具などの賞品を与える）や、留置（居残りをさせる）、鞭撻（手や笞などで体罰を与える）、直立などの罰が与えられることはあった。[2]

　江戸期において師弟関係は親子関係をモデルとしたものとして存在し、結ばれると生涯続くものと考えられていた。[3] 師には「学徳兼備」が求められ、教育の目的は「修徳」にあった。[4] 学問と徳は必ずしも別のものとは考えられていなかった。学ぶことは聖人になる道筋と考えられることもあり、教師から学問や知識のみならず全人格的な影響のもと徳をも習得するという観念があった。そういったことは、儒教の影響であり、明治時代にはいっても続くものである。

　1868年の明治維新のあと、全国に学校がつくられていく。学制発布より前、1872年5月に「入学の後は男女席を別にして、常に手習をつとめ読書算術は教師の指図を待ちて」ではじまる大阪府「小学生徒心得書」が出される。[5] 他にも各学校が何らかの規定をもっていたと考えられる。1873年6月に「文部省正定」の「小学生徒心得」がつくられた。それは、校則にあたるものの最初の「原型」と考えられる。

　小学生徒心得の全条文は以下のとおりである。[6]

第1条　一、朝早く起き顔と手を洗ひ口を漱ぎ髪を掻き父母に礼を述べ朝食事終れば学校へ出る用意を為し先づ筆紙書物等を取揃へ置きて取落しなき様致す可し。但し出る時と帰りたる時には必ず父母へ挨拶を為すべし。

第2条　一、毎日参校は受業時限十分前たるべし。

第3条　一、校に入り席に就かんとする時教師に礼を致す可し。

第4条　一、席に着きては他念なく教師の教へ方を伺ひ居て仮りにも外見雑談等を為す可からず。

第5条　一、教師の許しなくして猥りに教場へ入る可からず。

第6条　一、受業の時刻至れば扣席に於て銘々の席に着き教師の指図を待つべき事。

第7条　一、若し受業の時限に後れ参校する時は猥りに教場に至る可からず。遅刻の事情を述べて教師の指図を待つ可き事。

第8条　一、出入の時障子襖等の開閉を静かにす可し書物之取扱方は成丈け丁寧にして破損せざる様にすべし。書物を開くに爪にて紙を傷め又は指に唾して開くる事無かるべし。

第9条　一、毎日よく顔手衣服等を清潔にして参校すべし。

第10条　一、生徒たる者は教師之意を奉戴し一々指揮を受くべし。教師の定むる所の法は一切論ず可からず。我意我慢をば出す可からず。

第11条　一、受業中自己の意を述べんと欲する時は手を上げて之を知らしめ教師之許可を得て後に言ふべし。

第12条　一、人を誹議し或は朋友と無益の争論致す可からず。但し文学問答之儀は苦しからず。然れども語を敬み礼儀を失はず喧しく語る可からず。豪慢不遜の語を出す可からず。

第13条　一、師友又は其他知りたる人に逢ひたらんには礼儀を尽して挨拶す可し。帽あるときは之を脱す可し。

第14条　一、便所に行きたらばよく心を用ゐて便所又は衣服を汚さぬ様にすべし。

第15条　一、人の部屋には案内を乞て後に入る可し。

第16条　一、校内は勿論他所たり共相互ひの交りは親切に為し挨拶応接等謙遜を旨とし決して不敬不遜の振舞ある可からず。

第17条　一、途中にて遊び無用の場所に立つ可からず無益の物を見る可からず疾く走る可からず。若し馬車等に逢ふことあらば早く傍に避けて馬車等の妨にならず自身も怪我なき様にす可し。

　名称は「生徒心得」であるが、心得と同時に学校の規則を示している。規則を守ることが「心得」と考えられていたところもある。「参校は受業時限十分前」「自己の意を述べんと欲する時は手を上げて」とあるのは、学校の行為規

範である。当時はまだ多くの人が知らなかった規範が、徐々に普及して今日に至っているといえる。一方で第5条の「教師の許しなくして猥りに教場へ入る可からず」は、当時は教師の許可を得た後に教場（教室）にはいっていたゆえの規定であるが、今日では欧米の学校ではあるものの日本では消滅した慣行である。文部省にいた田中不二麿が岩倉使節団の一員として1871年末から欧米諸国を訪問し、学校を視察したうえで1873年3月には帰国している[7]。その後、文部省の実質的な最高責任者となる。同年11月から「欧米恰好の学制の概略」を示すものとしての『理事功程』を出版しているが、そのなかにアメリカ合衆国の「生徒心得の事」を表記している箇所がある[8]。そこでは「身体衣服を清潔に」などは共通しているが、「障子襖の開閉」など日本の教室事情にあわせている記述もある。

　「参校は十分前」という規定に関しては、明治初期に「時計」は普及していないゆえに実効性は低かったと考えられる[9]。例えば、その後に出た1875年の「敦賀県小学校校則」では「登校退校、すべて定刻を守り、毫も遅速なきを要す」とあるのみである[10]。「十分前」の実施は不可能であったことを考慮したゆえであろう。さらに、1876年の茨城県の小学生徒心得は全16条であり、このうち第2条のみを削除している[11]。

　学校に始業時間のある程度前に到着すべきという規則であると同時に、学習に対しての「心得」でもあった。

　教師に対する「心得」も示している。第10条には「教師の定むる所の法は一切論ず可からず。我意我慢をば出す可からず」という規定からは、教師は「有徳者」であり、教師のいうことは絶対であると振舞うのが、当時の「心得」であった。

　学校内外の礼儀に関することも述べられる。第1条で父母に礼を述べること、第13条では学校外にも礼儀を守ること、第16条では親切にすること、不敬不遜の振舞いをしないこと、が述べられている。これは、礼儀（心得）という倫理的規範と、法的規範との混同がこの時から存在しているといえる。第17条では「寄り道をしない」こと、第1条の朝起床後のことなど、学校外の振舞い、学校外生活を含めて「心得」とされていたことも、この時代からはじまっていた。教師と子どもの関係が親子関係となぞらえられていたこともあり、学校における「心得」も学校外のことにも及んでいたといえる。すなわち、教師による子どもの教育は「全人的な関係」であって、学校外のことは「個人の自由」とい

うわけではなかったと考えられる。

　この「生徒心得」は全国に影響を与えていった。例えば青森県や千葉県、兵庫県では1873年に生徒心得を定めているが、それはいずれも全17条で上記の「生徒心得」とほぼ同じ内容である[12]。ほぼ同じではないが、明らかに文部省の生徒心得を参照して、県で生徒心得を作成しているところもある[13]。独自に条文をつくったに近いところもある[14]。

　このころから校則という用語は使われていたが、それは多義的であった。「教則、校則、舎則」と並べて使用されていたことがある。教則とは教育課程表（教科名、履修する学年、内容、使用する教科書ほか）を示している。校則が今日でいう学則の内容を示していたこともある。そういった校則の一部に生徒心得が含まれる場合がある[15]。校則が今日と同じ意味でつかわれている例は少ない[16]。

　この時期は学校を設立する際に、「設置伺」の提出が求められていた。東京都の「官立学校設立伺文例」のなかで、校則は「入学退学等の手続並に入学の上生徒の守すべき規則等」と記されている[17]。多くの場合、学校の「設立伺」の提出時に校則の文案が求められていた。例えば、静岡県のある小学校の「開学願」において、校則は「一　四民六歳以上拾三歳まで男女共入学可致事」にはじまり、「一　校中にて喧嘩口論及雑談致不可事」「一　校中にて奔走し或は大声を発す不可事[18]」などの「生徒規則」も含めて書かれている。学校の規則全体を校則（あるいは、「校規」）と呼んだ場合も後にはある[19]。

　1880年前後からは、「生徒心得」が、県や私人により次第に出版されるようになる[20]。それが、「修身書」としての役割を果たしたところもある[21]。当時の生徒心得の中には、「学業は身を立るの基礎にして、徳を修め智を開き体を育ひ以て後来有用の人たらしむる[22]」と明らかに学制布告書（1873年）を念頭においているものもある。

　中等学校に関しても、まずは設立の際に校則が定められた。1878年に東京府は文部卿に「中学校設立伺」を提出し、東京府第一中学校開設が認可されている。設立伺の「中学規則」の一部として校則があるが、それは以下のとおりである[23]（「一部」であるゆえ、12条からはじまる）。

第12条　授業時間は午前九時より午後三時に至る。
　　　　但夏季休業の前後各廿日間は午前第七時より正午第十二時迄とす。

第13条　就課放課共振鐸を以て之を報ずべし。

第14条　生徒欠席の節は知己の者に託すか又は郵便を以て事務掛は届出すべし。

第15条　生徒の坐次は試験優劣の順序を以て之を定め教場に掲示すべし。

第16条　習字中は尊属たり共教員の許可なくして応援するを許さず。

第17条　昇校は起業時限の十分前たるべし。

第18条　各生昇校の上は先づ其の扣所に入り授業の報を待べし。

第19条　生徒受業の節は衣服着流し等致すべからず。

第20条　生徒昇校の節は名牌を寄門者に渡し退校の節之を受取るべし。

　これは、校則の名称でつくられたものであり、登校時や届け出のしかた、席順、着衣など学校生活のための規則というべきであって、「心得」に直接関係する内容といえるものは少ない。今日でいう生活指導に関することは、第19条の衣服に関する規定くらいであろう。しかし、衣服をきちんとすることは学習に際しての「心得」でもあると当時から考えられていたといえる。

　小学校、中学校のいずれにせよ「設置伺」のために規則をつくることが行われていた。教職員によってその学校の運営、教育に必要なルールを自分たちで定めるという発想は当初は存在しなかった。

　生徒心得のほか、教員の心得についても文部省は1873年に「小学校教師心得」、次いで1879年教学大旨で仁義忠孝が強調されたのをうけて1881年に「小学校教員心得」を定めている（文部省令達第19号）。後者において、「校則は校内の秩序を整粛ならしむるに止まらず兼て生徒の徳誼を勧誘する要具たり。故に教員たる者は能く此旨趣を体認し以て之を執行せざるべからず」とある。ここに校則という語句が使用されている。ここでいう校則とは今日的意味のものでなく、この教員心得自体も含めた学校管理上の規則の総体を指すものである。この時代に校則という用語が使われていたことはあるが、法令で定めたものではないこともあり、その内容の範囲は一定していない。ここにおいても、教員の役割として「徳誼を勧誘する」ことが挙げられているが、仁義忠孝といった儒教に由来する道徳性の涵養の手段として校則が位置付けられているといえる。

　「教員心得」のみならず、後には、学校職員に関して「職員服務規程」「宿直規程」「小使心得」、さらに「保証人心得」などが定められていく。徐々に「試験規則」など学校によって名称はさまざまであるが、ルールがつくられている。

　「生徒心得」は、県単位で詳細なものがつくられるようになる。中学校の場合、中学校教則大綱が1881年に定められたのちに、教則の前提として、「忠孝」

を中心とした儒教主義、「尊王愛国」を含む生徒心得が各県で規則としてつくられていく。同時に罰則規定が県単位でつくられることもあった。1882（明治15）年には、兵庫県では「生徒心得附生徒罰則」（生徒心得全36条、生徒罰則全9条）「品行点減殺法心得」（全21条）「品行採点規則」（全17条）がつくられた。一人の教師が生徒集団に授業をするので、学校における子どもの行動の仕方に基準を設ける必要があった。

　「生徒心得」は以下のとおりである。

第1条　校舎中に於いて高声を発し或は疾走すべからず。
第2条　跣足にて遊歩場に出ずべからず。
第3条　遊歩場に於て危険の遊戯を為す可らず。
第4条　授業時間来れば遊歩場に整列す可し。
第5条　喫飯の節は互に談話す可からず。
第6条　教場に在ては雨衣頭巾手嚢等を用ゆ可からず。
第7条　他人を誹謗し及び衣服弁当等の好悪を評す可からず。
第8条　書籍器械を初め履傘等に至るまで常に之を整置し猥りに他人の物品に手を着くべからず。
第9条　机案を清潔にし紙屑等を坐傍に棄擲すべからず。
第10条　教場に在ては常に身体を端正にし欹側すべからず。
第11条　学校の昇降其他出入には父母尊長に敬礼を行ふべし。
第12条　故なく始業時間に後る可からず。
第13条　修業中私に談話し且つ教師の許可を俟たずして猥りに言論を発す可らず。
第14条　金銭及び其他玩弄物を携帯す可らず。
第15条　遊歩時間教師の許可を得ずして教場に入るべからず。
第16条　私に書籍、筆、紙等の貸借をなす可らず。
第17条　喫飯の始終は監督の命を待つべし。
第18条　修行中猥りに席を離る可らず。
第19条　課業必要な物品を忘失す可らず。
第20条　相互に口論し或は人を罵言し又は虚言を吐く可らず。
第21条　戸障子等を乱打す可らず。
第22条　故なく欠席す可からず。
第23条　書籍器械並に品行簿を汚穢毀損す可らず。
第24条　校内に於て瓦石類を擲つ可らず。
第25条　戯に他人の物品を蔵匿す可らず。
第26条　弁当の外食物を持参す可らず。

　　第27条　校外に出て遊歩す可からず。
　　第28条　他人の衣類或は物品を毀損す可からず。
　　第29条　墻壁屋上樹木に上り又は花実等折る可らず。
　　第30条　途上にて食物を食す可らず。
　　第31条　戸上にて危険の遊戯を為す可らず。
　　第32条　校内及び途上にて朋友は勿論犬猫等を殴打す可らず。
　　第33条　諸掲示を破る可らず。
　　第34条　校内の諸器械を毀損し及び墻壁等に戯書す可らず。
　　第35条　教師其他長上を侮辱す可らず。
　　第36条　総て人に傷害を加ふる所為ある可らず。

　上記のとおり、「べからず集」であり、「生徒心得」の名称で禁止される行為が定められている。次いでおかれている「生徒罰則」では「罰則は総て受持教員に於て行ふものとす」「生徒を懲戒する処の方法を分て譴責、貶席の二項とす」とある。貶席とは反省するまでは座席を後ろにする、または罰席にうつすことを意味する。第 1 条から第12条までの違反は「譴責に止まるものとす」であり、第21条から第25条までの違反は「説諭の上品行点21点以上30以下を減殺し併せて三日以内の貶席」などとしていた。罪刑法定主義の「刑」のほうを定めていたといえる。

　同時に「品行点減殺法心得」で、生徒の「品行点」を減点する場合の原則を定めている。次いで、「品行採点規則」より具体的に減点の幅、減点の対象となる行為を定めている。1880年の改正教育令にて修身が筆頭におかれ、「教学聖旨」がだされた当初は、修身の評価も試験によって行われていた。それが、後に「行状点」が加味されるようになった。品行・行状の評価は、多くの場合、生徒の平素の勤惰・素行を観察し、減点法で評定され記録されている。[29]文部省としては後に1887年訓令第11号にて「凡そ学校に於ては……学力と人物とを査定し」と表明している。1900年の第三次小学校令施行規則（第89条、第10号表）によって「操行」点が学籍簿に記入されることが公式に定められた。

　1882年の新潟県小学校則も生徒に対する罰則を定めている。「譴責」のほか、15分ないし 1 時間に至るまでの「黙立」、譴責の後 1 時間ないし 2 時間帰宅を許さないという「拘留」が定められていた。懲戒はこの「三項とし体罰を加ふることを許さず」[30]とある。1880年教育令に「体罰……を加ふべからず」とあることの影響と考えられる。譴責などの罰の種類についての規定は、各学校に

よって異なっていた。

2　教育勅語、戊辰詔書と生徒心得

　1890年に教育に関する勅語（教育勅語）が渙発された後は、次第に勅語の内容が生徒心得にも影響してくる。例えば、ある小学校の「児童の心得」は「けだし勅語のおぼしめしを守り」[31]からはじまる。生徒心得を改めて「皇室に対する敬礼」を筆頭に掲げたところもある。[32]

　この頃から次第に、生徒心得は県が示すものから、学校が独自で定めるものとなっていく。学校全体に「校規」が定められ、その一部として生徒心得があるという位置づけになっていった。[33]ある小学校では、「教員心得」「児童心得」「父兄心得」「児童成績考査規程」「児童教室出入規定」「学校と家庭との連絡に関する規程」「児童入退学に関する規程」「児童出席簿・日別及び月別一覧表」「宿直規程」「職員貯金規程」「児童貯金規程」「校外教授規程」「修学旅行規程」などをあわせて「校規」と呼んでいる。[34]奉安殿（天皇皇后の写真「御真影」や教育勅語を安置していた）に関する規程や儀式規程が含まれていることもある。さらに、学校ごとに校訓、徽章、校歌、校旗など、学校独自のものが制定されていく。これらはすべて法令に基づくものではなく、学校独自の判断でのものである。

　校長が替わることにより、その校長の方針を示すものとして「生徒心得」が変わることもあった。例えば、東京府立第一中学校では、1910年に当時の川田校長が、従来の細部まで規定していた生徒心得を廃して、5箇条細則6条のみのものとした。[35]

　この時代の中学校の生徒心得の例をみておこう。1902年の時点での東京四中の生徒心得、生徒注意事項は以下のとおりである。[36]

　東京府立第四中学校生徒心得
　一、皇室を尊び国家を愛すべし。
　一、父母に孝養を尽し祖先を崇ぶべし。
　一、師長に恭順に兄弟朋友に友愛なるべし。
　一、誠実を本とし礼譲を以て人に接すべし。
　一、国法に従い公益を広むべし。
　一、倹素を尚び仁慈を施すべし。
　一、自重自治の念を養ひ稟性を高尚にすべし。

一、剛毅活発を旨とし忍耐克己の習慣を養ふべし。

一、規律を守り勤労に服すべし。

東京府立第四中学校生徒注意事項

第 1 条　校内に在りては教師を父母とし同輩を兄弟とし恭順和親を旨とし決して疎暴放
　　　　肆の所為あるべからず。

第 2 条　本校職員其他長上に対しては勿論同輩相逢ふときと雖ども敬礼を怠るべからず。

第 3 条　同輩は互いに智徳を研磨し不善あるときは相忠告すべし。

第 4 条　登校時刻は始業前十五分より後るべからず。

第 5 条　登校の際は必ず制服を着くべし。雨雪の時は必ず「ゲートル」を著け傘を携帯
　　　　することを忘るべからず。

第 6 条　学校往復の途上にて時間を徒費すべからず。

第 7 条　本校所定の諸信号に違ふべからず

第 8 条　已むを得ざる事故ありて欠席及遅刻早帰を為すときは速に其の旨を届出づべし。

第 9 条　授業中は教員の許可を得ずして発言すべからず。

第10条　許可を得ずして妄に教室に出入し又は校門外に出ずべからず。

第11条　課業の書籍及器具を遺忘すべからず。

第12条　課業に必要なき物品を携帯すべからず。

第13条　室内にては必ず帽及外套を脱すべし。

第14条　室内及廊下に於て騒擾の所為あるべからず。

第15条　校舎内は特に清潔衛生及整頓に注意し妄に塵埃廃紙を投棄し唾を吐き泥靴の儘
　　　　にて入るが如きことあるべからず。

第16条　当番の時は力を尽くして其の責務を果たすべし。

第17条　建物及備付品を毀損し又は落書等をなすべからず。

第18条　校内にては勿論妄に他家の樹木化果を折傷すべからず。

第19条　時々の命令告示は掲示物に就きて知悉すべし。但掲示後一日を経ば一般認識せ
　　　　るものと見做すべし。

第20条　族籍の変更并に転居等の異動を生じたるときは速に届出づべし。

第21条　平素予習復習を怠るべからず。

第22条　許可なくして金銭物品を貸借すべからず。

第23条　金銭を浪費し奢侈品を使用すべからず。

第24条　身体衣服を清潔にし飲食を慎むべし。

第25条　喫煙飲酒をすべからず。

第26条　劇場又は寄席等に立寄るべからず。

第27条　父兄と同伴するに非れば飲食店に入るべからず。

第28条　稗史小説等の書を読むべからず。

第29条　如何なる事情ありとも下宿屋に宿泊すべからず。

第30条　以上列挙する事項外と雖もすべて生徒たる本分に違ふことあるべからず。

　まず、大枠としての「心得」のみが示され、そのあとにルールとして細部にわたることが定められていたのは、他の学校にもみられる。心得の最初に「校訓」を挙げている学校もある[37]。多くの中等学校の生徒心得にでてくる「心得」を示す用語としては、忠孝、皇室、父母、誠実、勤勉、質素、忍耐、廉恥、信義、規律などが挙げられる。教育勅語に登場する用語と重なるところもある。

　「劇場、寄席に立ち寄らず」など寄り道が禁止されていた。飲食店には父兄の同伴が求められていた。今日であれば、校則で禁止することかが問題となることであるが、当時は当然と考えられていたのであろう。第28条の「稗史小説（はい）」とは、通俗的な小説のことを指し、当時は「低俗」とみなされた文化に触れることが禁止されることもよくあった。後には映画などの禁止が問題となる。最後に「生徒たる本分」の語句を挙げ、あくまで生徒たるものの「心得」に反することはしない、という注意である。

　教育勅語とともに、明治末期から学校に影響をあたえていたものとしては、1908年の戊申詔書がある。生徒心得の冒頭に「教育勅語及戊辰詔書の御趣旨を奉体し」とした学校や[38]、これらを冒頭に掲載する[39]などが行われた。

　戊辰詔書では、日露戦争後の世情を鑑みて、「勤倹産を治め」「華を去り実に就き」すなわち、勤勉、倹約、贅沢を避け実利を優先することが述べられている。「勤倹」は多くの学校の校訓に以前から取り入れられていた。「華美をさける」の規定もよく存在した。当時、学校の校訓に「質実剛健」を挙げるところは多かった。なお、「質実剛健」はその後、1939年になってから、「青少年に賜りたる勅語」に「質実剛健の気風」という言葉として登場するようになる。

3　大正期の「新教育」と生徒心得

　大正期になると、新教育（児童中心主義）の教育思潮の影響が広まった。それは「生徒心得」に影響を与えたであろうか。ここでは、代表的な学校を2つみてみる。

　手塚岸衛らによる千葉県師範学校附属小学校では、1920年4月から「一学期間従来の学校内規の無視を申し合わせ」「校訓の除去」[40]などがいわれたが、その点に関してはどのような状況にあったのか。例えば学級ごとに「センセイニタヨラズニ」といった「学級精神」を定め、それは場合によっては児童が選ぶことがあった[41]。しかし、学校全体にわたるルールや校訓を全体で話し合うには

至らなかった。「学級自治会」が行われ、さらに全校的な自治的集会が行われた。集会は学年ごとに曜日が決められ、さらに土曜日には全校集会が行われ、「相談、忠告、談話、朗読、黙想、成績品発表」等がなされていた。[42)] 学校内における問題について話し合われたり、文化活動の発表の場が設けられた。[43)]

公立小学校においても、「児童自治制内規」がつくられ、児童自治、校内自治といった観念が盛り込まれた規則がつくられたところもある。[44)] しかし、生徒心得にまで影響は及ばなかった。

同じく当時の「新教育」を導入した学校として著名である、木下竹次らによる奈良女子高等師範学校附属小学校をみる。同校の「児童教育要旨」(1911年)では、「当校は教育に関する勅語の聖旨を奉戴して国民教育の基礎を作らんことを期する」「当校は国体を尊重し忠孝の大義を明らかにし以って国民たるべき志操を養成せんことを努むる」[45)] と定め、教育勅語の内容を第一に挙げている。

同年の「児童訓練要綱」では、「姿勢を正しくせよ」「清潔に注意せよ」「規律を重んぜよ」「礼儀を守れ」「元気で真面目にやれ」の項目を挙げ、さらに細かく内容（要綱）と方法・注意を細分化して規定している。「姿勢を正しくせよ」では、内容は「着席」「規律」「歩行」にわかれ、さらに「着席」では（イ）上体を真直にすること、（ロ）腰を深く掛けること、（ハ）両足を正しく床上に揃ふること、（ニ）両手を腿の上に置き又は軽く組むこと、（ホ）眼は前方を正視し口を閉さること、（ヘ）読書の時は両手に書物の下端を支へ視距離を適当にすること、（ト）書写の時は左手を以て紙端を軽く押え距離を適当にすること、とある。「起立」では（イ）顎を引き上体を真直にすること、（ロ）両足を揃え手を自然に垂るること、（ハ）眼は前方を正視し口を閉つること、（ニ）読方の時は両手にて書物の下端を捧げ視距離を適当にすること、「歩行」では（イ）上体を屈せぬこと、（ロ）踵を踏み付けぬこと、とある。「方法及注意」としては、（一）教室に於ては特に授業終始の場合に注意し又教授中時々矯正すること、（二）体操科唱歌科の教授に於ては時に規律の姿勢を矯正するために努力すること、とある。[46)]

着席の時の座り方から、本を読むとき、起立するときの視線の位置にまで指示がだされる、文字通り一挙手一投足にこだわるものである。同規則は同校の関係者によっても「その成果は、いまひとつはかばかしくなかったようである」[47)] と評されている。大正時代に至っても上記の規則は有効であり、さらに細かく定められたりしている。細かい規則を守ることによって、「品性の陶冶」

を目指すという発想の源流なのかもしれない。同校がいわゆる「大正自由教育」の潮流において、木下竹次らにより「合科教授」「自律的学習」などの実践を行ったことはよく知られている。学校の規則という面では、むしろ児童の行動を細部にわたり規制する規則が存在し、特に新たな実践が行われた記録は見受けられなかった。例えば、「自発性」を強調するなどの教育方針が掲げられた例はあるものの、その影響は生徒心得にまでは及んでいなかったといえる。[48]

4 昭和ファシズム期の生徒心得

　昭和期にはいると次第にファシズム、戦時下へとむかう情勢が学校の生徒心得にも表れていく。校訓を「国体精神」「大楠公精神」と一体のものとする、という解釈が述べられたりした。[49]

　1935年あたりから学校生活を軍隊式に改めていったところがある。敬礼が秩序を保つうえで最も重要な礼儀であり、学校内に軍礼式令に則った「挙手の礼」が行われていた。物資統制がはじまってからは、服装の規程を実態にあわせざるをえなくなった。中学校であり合わせの詰襟服が黙認され、さらにカーキ色の国民服が増えていった。通学時の靴は編上靴（へんじょうか）と定められていたのが入手困難となり、短靴やズック靴を履くものが増えた。1938年に「下駄履き」許可[50]が行われた中学校がある。それは、「許可」というよりは「断行」であって、全国生徒が命令によって一糸乱れぬ行動をとることが皇国民の育成教育であるとされた。[51]

　1941年1月28日には文部省より通牒がだされた。「制服生地の計画的生産並に配給機構の一元的統制」ゆえに、男子制服の規格は「上衣は茶褐色」など、「国民服」に準ずるものとなった。女子生徒は「上衣は紺色、但し夏衣は白色」となり、「襟はヘチマ型」[52]などと規定された。戦時中には中学校に「兵器要員」がおかれるなどの対応もなされた。[53]戦時にむけた生徒心得の対応が行われていたといえる。

5 戦前の生徒心得の服装・髪型規制と「学校紛擾（じょう）」

（1）戦前の生徒心得と服装・髪型
1873年の「生徒心得」においても「毎日よく顔手衣服等を清潔にして参校す

べし」とある。すなわち、衣服の清潔を求めることは当初から行われていた。

　1887年の石川県小学校校則では、「第13条　出校の時は男女共成るべく洋服若くは筒袖の衣服袴を着用すべし　但徒に女子は髪付黛粉花箸等用ゆべからず[54]」とある。洋服、袴といった衣服を求めている。明治初期にはこのような規定も存在したが、服装を定めることは保護者の購入費用の負担、経済的負担をもたらすこと、当時経済的な理由で就学しない家庭も多かったことから、このような規定は小学校においては消滅していく。ただし、「華美はさける」という規定はこの後もずっと存在しつづける。

　1910年の埼玉県大河尋常高等小学校では、以下のような規定があった[55]。

　　第一条　身体衣服を清潔にし衣服の着用等に注意して容儀を整へしむべし。
　　第二条　服装は質素を旨とし可成筒袖を用ひしむるものとす。

　当時の規定として存在したのは、「清潔」「整える」「質素」であった。

　中学校・高等女学校の場合は、制服を生徒心得のなかに定めている場合もあった。当時中学校・高等女学校に進学する生徒の家庭が経済的な問題を抱えていることはあまりなかったことが理由の一つである。制服を定めるには、服装の形状を述べているだけの場合（下記の浦和中学校の例のように）と、絵で示している場合とがある。

　戦前に「服装検査」[56]は厳しい管理が行われていたようである。服装検査の頻度については、毎週行われていた[57]という記録もある。

　浦和中学校では、「服装検査内規」[58]がある。

　　第15条　服装検査規程を定むる事下記の如し[59]。
　　　　　　イ、通常検査　ロ、特別検査
　　第16条　通常検査は主として服装につき毎日朝礼の際学級主任之を行ふ。
　　第17条　特別検査は必要に応じ学級主任及び監理之を行ふ。
　　第18条　特別検査は主として服装及所持品につき之を行ふ。
　　第19条　特別検査に於て不合格の者は三日以内に再検査を行ふ。
　　第20条　当日欠席したるものは登校後直に検査を行ふ。特別検査を行ひたるときは学級主任及び監理は其結果を学校長に報告するものとす。

　浦和中学校の生徒心得の服装規定は以下のとおりである[60]。

　第8条　登校の際は本校所定の服装をなすべし。

　第9条　服装を定むること下記の如し。

洋服　背広形襟学年別の襟章附

　　　　夏服は霜降小倉地　冬服は紺色小倉地

外套　黒羅紗黒裏頭巾附

帽子　黒羅紗海軍形中学の帽章附

靴　　黒色（足袋を以て代用することを得）

ゲートル　茶褐色羅紗製巻ゲートル

　第9条で服装の内容について定めている。そのあと第11条で「外套は校の内外を問はず正しく着用すべし」とある。制服を「正しく」着用しているかどうかが検査されていたことが推測される。ゲートル（巻脚絆）は軍隊を意識したものか、当時中学校で着用を義務付けていたところがあったが、ここでは「体操授業の際必ず着用すべし」と規定されている。

　抜き打ちで行われると思われる「特別検査」は所持品検査まで行われている。所持品に関する規定は、「帽子外套自転車其他総て教科用具以外の携帯品は校内指定の場所に置き乱雑ならしむべからず」「教科用具及び一切の携帯品には必ず姓名を記入すべし。自転車には所定の名札を把手に附すべし」とある。特に所持が禁止されている物の規定はないが、教員の裁量によって判断されていたのであろう。

　府立大阪中学では「ホックを外し襟巻の類を用い袴の裏を捲き見はす等不体裁の服装をなすべからず[61]」と「不体裁」の例が挙げられている。服装検査が厳格に行われていて、毛糸のシャツ（今のジャケット）着用は禁止されていて、もし発見されると直ちに脱がされた、ゲートルの釦がはずれていても大層叱られた、という記録もある[62]。これも教員の裁量によって「厳しい指導」がときには行われていたことが推察される。

　高等女学校に関しては生徒心得に、「淑徳を涵養し[63]」とあり、例えば「出校の際は成るべく袴を着け衣服髪飾り等は極めて質素にし衛生に適ふを本位として決して華美に属する装飾を加ふべからず[64]」という規定があったりした。大阪府立梅田高等女学校の教務日誌に、1918年に「服装検査」が行われていた記録が残っている。検査の対象となるものとして、次のものが挙げられていた。

　一、結髪、規定外のもの。ピン中さし　簪（かんざし）等に装飾あるもの。

　二、衣服。絹布のもの。絹糸入りなるもの。

　三、襟。純白ならざるもの。絹地のもの。

　四、ポケット。有せざるもの。

　五、履物。規定ならざるもの。無記名のもの。

　六、羽織紐。絹なるもの。

　七、徽章、有するもの。[65]

　装飾を避ける、当時も高価であったと考えられる絹を避ける、襟は「白」などの規定がある。1887年の大阪府高等女学校規則の生徒心得では「身体衣服等は不断清潔にすべしと雖も時風に従い浮華虚飾に流るるを咎め質素を旨とすべき事」とある。その方針が守られていたといえる。高等女学校に関しては、「化粧や髪にて（パーマ）をあてることの禁止、髪飾りなど装飾品についてや下着や靴など服装に関する注意[66]」がなされていた記録もある。

　服装の色を指定するものは、上記の他にも、「靴は黒皮の短靴とす」「脚絆は白麻製の編上とす[67]」などがあるが、少数である。「質素」が強調されることが多い時代ではあるが、色を指定する必要がさほどなかったことが考えられる。

　頭髪に関しては、例えば小学校で「男子は髪を適当な長さにし置くべく女子は髪を乱れたままになし置くべからず[68]」というように、適当な長さ、整えることが求めれる程度の規定はあった。

　三重県神戸中学校のように「頭髪は丸刈りとなすべし[69]」というところや、宮城県立高等女学校では「髪の結び様は常束髪銀杏かへし等[70]」と特定の髪型について規定をおいていたところもある。しかし、このように髪型を指定するところは少数であった。

　頭髪に関しては「清潔に」「整える」という以外の規定は少なかった。ただし、生徒心得などの明文以外の規定あるいは教師の裁量による生活指導規準が存在し、検査が行われていた可能性はある。

（2）戦前の生徒心得と学校紛擾

① 学校紛擾と生徒心得

　中等学校が軌道に乗り始めた1880年代からは、学校紛擾（学校騒動）、すなわち管理者・教職員と学生・生徒・児童の対立を中心とした紛擾（騒動）が一部の学校で、特に中学校、師範学校でおきるようになる。同盟休校（ストライキ）

も発生している。⁷¹⁾

学校紛擾が発生した理由はある教員、校長の排斥、復職要求、教育内容・方法の問題、生徒指導上の問題、試験、処分、思想上の問題などさまざまで、ここで全体像を明らかにすることはできない。ここでは生徒心得とかかわることを中心に触れる。

文部省は1893年に「公立学校生徒にして其学校職員に辞職を勧告し又は上司に対し其学校職員の免職転職を要請するものは学校の紀律に背くものとし当該学校に於て用<ruby>弁<rt>あわせ</rt></ruby>る所の懲罰の例規に照し厳重の処分をなすべし」という訓令第4号、さらに翌1894年に以下の訓令を出す（第2号）。^{72) 73)}

　一、師を尊び長を敬ふは徳育の一大要義にして此の点に於て欠くことあらば<ruby>驕傲<rt>きょうごう</rt></ruby>不順の習を養ひ学校の目的に背く者なり。校長及教員たる者は此の意を体して生徒を薫陶することに注意すべし。

　二、生徒は三名以上合同して意見を申立て又は校長教員に対し強て面<ruby>陳<rt>ちん</rt></ruby>若は答弁を求むることを得ざるべし。

　三、生徒にして党を結び教員又は高校に対し抵抗又は強迫の挙動を為し或は課業を妨害し又は合同結欠課し教員又は校長の戒諭に順はざる者あるときは各学校は其の情重き者を一週間以上一学年間以内の停学又は放校に処すべし。放校に処せられたる者は文部大臣に由り情状を酌量して特免を予ふるの外復校を許さず。

校長・教員の排斥や同盟休校に対して、「師を尊ぶのは当然」ということから厳しい処分で臨むことが文部省により表明された。それによって、都道府県や学校が生徒心得によって同調していくところとなる。⁷⁴⁾

生徒罰則を含む校則・生徒心得などが多く制定されるようになり、それらの規則の中に学校紛擾への対処策とみられる条項が多くみられるようになる。一例を挙げると、仙台市商業学校では、1903年にある教師排斥を求めた授業ボイコットが生じたせいか、1905年には「生徒若し学校に対し意見のある時は単独にこれを陳述すべし団結して懇願するがごとき挙動あるべからず」という規定が「生徒心得」に追加され、「校風の改善」がはかられた。⁷⁵⁾

② 谷本富の博士論文による提案

谷本富は1905年に提出した博士論文において、1899年から1902年のあいだ留

学していたフランスやイギリスを参照しながら、学校騒動に対する最も有効な手立てとして生徒の「自主自治」と「法治的秩序」の設定を重視した。谷本は留学中に訪問したイギリスの学校に、「生徒の処罰を市民的に行っている。つまり教師が一方的に罰するのでなく、生徒の人権を配慮しながら陪審制で自治的に行っているのに瞠目した[77]」という。彼は、「学校憲法」「学校裁判所」を提言して条文まで作成している。国に憲法、議会、裁判所があると同様に、学校にもそのような制度をおくという案である。この時代のフランスの中等学校において谷本のいう学校議会に類するものとして、学校管理評議会を設置することは当時既に行われていた。しかし、生徒代表を構成員に含むようになったのは、1968年の「五月危機」の後であり[78]、学校裁判所に類する懲戒評議会が設置されて生徒の懲戒処分にまで生徒参加が制度化されるのはさらにその後である[79]。

　谷本の案としては、まず憲法に関しては、

　　第一、学校憲法を作り生徒の権限を明にす。
　　第二、学校に法典を作り生徒処罰の擬すべき所にす。
　　第三、学校議会を開設し生徒の風紀に関して生徒の意志を発表す。
　　第四、学校裁判所を構成し、生徒の処罰に関して生徒の判断を明にす。

次いで、学校議会組織の大略としては、

　　一、学校議会を主として学校生徒の風紀に関し、生徒の意志を発表する機
　　　　関とす。
　　一、学校議会は一院制とす。
　　一、議員の数は凡そ全校生徒数の十分の一とす。
　　一、議員は記名聯記法（れん）に由りて生徒之を撰挙（せん）す。
　　一、学校議会は凡て臨時会とす、学校長において諮詢（しじゅん）の必要ありと認め
　　　　たる時、又は議員の三分の一以上の連著を以て国会の必要を申出でた
　　　　る時、学校長之れを招集して開会す、但し出席者議員総数の半以上な
　　　　らざれば開会せず。（以下略）

続いて、学校裁判所の構成法として

　　一、学校裁判所は学校議会の提出せる生徒風紀維持上の訴告に対して審
　　　　判す。

一、学校裁判所は合議制とし、一審制とす。

一、学校裁判所の訟廷は秘密とす。（中略）

一、学校裁判所の原告は学校議会の代表者とす。

一、学校裁判所は弁護人を置き、被告生徒の世話役教員之れに当たる、又
便宜父兄保証人をして弁護せしむることを得。（以下略）⁸⁰⁾

　谷本は、1890年から1903年まで山口高等中学校で倫理学などを担当していた。1893年10月に「一部教官の教授方法に対する生徒の不平」から学校紛擾が発生した。寄宿生の間のトラブルが発端となって、生徒が「生徒取締及教授法の変更を誓願⁸¹⁾」する陳情書を提出するに至る。『教育時論』という雑誌の「長門KA生」の記事によると、「某教授の倫理学を講ずるや、人並外てし早口調を以て、一時間中喋々と饒舌り立て、毫も我等に質問の機を与ふるなく（以下略）」とある。倫理学担当が谷本を指すことは、ほぼ間違いない。次いで「日く本校の教育は機械的なり。生徒を遇するに一も生徒の意志を問ふことなし、願はくは学事評議会に生徒をも加へられんことを、日く某教師の教授は不完全なり、某教師は不親切なり、斯る教師の教授を受けるを欲せず、日く寄宿舎に自治を許し、起臥出入りに自由を与へられんことを望むと」、騒動が大きくなり、校長は全教官を集めて協議した結果、陳情書に署名した寄宿舎机長の本科生15名、予科生4名を除名（退学処分）とし、寄宿生69名を謹慎処分にした。それに対し、生徒達は騒動を起こしたのは寄宿生全員だから、全員平等でないと筋が通らないと抗議した。そこへ通学生たちも寄宿生に同情して立ち上がったので、今度は通学生の伍長（役員）が除名処分を受けた。すると通学生たちも同様の処分を求めることになり、事件当時不在だった者など少数の生徒をのぞき、ほとんどの生徒が除名処分となって、学校自体の存立が危ぶまれる事態に至った。その後処分は解除され、校長と舎監、倫理担当の谷本富が引責辞任することとなった。⁸³⁾

　谷本がこのような提言を書いたのには、自分が退職にまで追い込まれた過去の経験を念頭においていることは間違いないであろう。谷本は留学の後、「自治自助の人⁸⁴⁾」をそだてることを主張し、「新教育」「活教育」による「新人物」「活人物」の必要を説く。⁸⁵⁾しかし、ここに示した谷本の提言が実行された例はないといってよい。谷本の学位論文は、学位授与はみとめられたものの「文部省の希望により」「当分公開せず」⁸⁶⁾という処置がとられ、戦後になってからよ

うやく私家版として公刊された。

③弘前中学校における学校紛擾

　学校紛擾の一例として、青森県立弘前中学校で大正期に３度の紛擾事件が起きた例をみておく。一度目は1914年３月にある一名の教師の退職問題をめぐって、同盟休校（ストライキ）が行われた。[87] 退職問題の事情を示す詳しい記録は残っていないが、生徒から人気のある教師が校長により不当に退職に追い込まれたという実情かと考えられる。その教師は新聞紙上で「老朽を淘汰し心身に依って体操科の改善を計」ろうとしたという。生徒の側に机を破壊してストーブで焚くなどの行動があったが、謝罪することにより校長が寛大な処置をとるとして、落着した。[88] なお、同校長は同年12月に庭球、卓球等のスポーツを軽視しすべての娯楽を禁止したことから同盟休校を招いている。[89] この時代に退職問題や復職の要求から同盟休校がおきた例は多数ある。1901年の盛岡中学校の例では、「土地の先生方が、派閥をつくり、同盟して、遠来の若い先生方を追い出して困る」ということから同盟休校が発生している。[90]

　二度目は、1920年に、市内に曲芸などを興行していた有田洋行会の「スター女優」に「ラブレターを出したけしからぬ者」がいることについて学校側が「犯人捜し」をしたため調査の厳しさもあり生徒の反発を買ったというケースである。[91] 当時としては「ラブレターを出す」ことは風紀取締まりの対象であった。この件は同盟休校にまでは至らなかった。

　三度目は、翌1921年に生じた。前年に有田洋行一座の歌劇の観覧は許可されていたが、「それ以上の芸術的価値を持つとされる石井漠・沢モリノ一座の歌劇鑑賞を許可しなかった」こと、「弘前中学の生徒の入場の有無を調べさせた」ことから、同盟休校に至った。

　ストライキにあたり、生徒側から決議文がだされた。改善要求事項として、以下の行動をやめさせることを要求した。[92]

改善要求事項

　一、（イ）学校の生徒懲罰の精神の生徒を救ふにあらずして之を減すにある事

　　　　　例証　カンニングを絶対退学とする事

　　（ロ）生徒懲罰の不公平なる事

   （ハ）生徒懲罰をすべて諭旨退学の名を以て秘密裡に行ふ事

 二、（イ）思想取締方針の全く無理解なる事

   （ロ）従来の取締方針の無自覚なる不良生徒を標準とせし事

     例証　活動写真其の他の禁止

   （ハ）取締方針の一定せざる事

     例証　有田への許可と石井、沢への観覧禁止

   （ニ）風紀取締に関し学校が不当手段を用ひし事

     例証　某教諭が一部生徒を使嗾せし事

 三、（イ）学校の教育の物を作るにあらずして人を作るにありたき事

   （ロ）教育家として校長其の他の自覚せられたき事

   （ハ）教育上殴打を使用せざる事

　この時代は、思想取締のほか、女優にファンレターを出す、男女交際、演劇や映画の鑑賞なども処分の対象になっていたという記録が多数ある。歌劇の鑑賞に関しても内容によって許可されていなかった。既に触れたように「低俗」とみなされた文化にふれることを学校が許さなかったこともあった。生徒管理は校外生活にまで及ぶのが当然とされていた[93]。

　この件は、処分をださずに校長が辞職することによって解決することになった。なお、児童生徒懲戒の規定が法令におかれたのは、小学校令（第二次以降）の体罰禁止のほかは、1900年の第三次小学校令に児童懲戒の規定、1901年の中学校令施行規則51条、53条及び高等女学校令施行規則第31条に懲戒および退学処分、処分を下すことのできる理由の規定がおかれるようになったからである。停学など退学処分以外の処分に関しての規定はなかった。種類さえさまざまであったが、斉藤によると次第に「譴責、謹慎、停学、放校（退学）」という名称に統一されていった[94]。

　法令によらず「特別権力関係」による処分が可能であったといってよいであろう。他校でも処分の不当性、非一貫性、恣意性や体罰、退学処分の濫用が存在したものと考えられる。しかし、本件でも学校の規則が生徒の改善要求に基づいて改められたことはない。生徒処分の妥当性の確保、恣意性の排除や手続き的保障という問題は、戦後あるいは今日まで引き継がれることとなる。

注

1 ）　乙竹岩造『日本庶民教育史 下巻』臨川書店、1929年、1066頁以下。

2 ）　同上、1072頁以下。

3 ）　岩木勇作『近代日本学校教育の師弟関係の変容と再構築』東信堂、2020年、4 頁。

4 ）　村山貞雄『江戸時代の子供教育思想の研究』高千穂書房、1977年、207頁以下。

5 ）　『大阪府教育百年史 第二巻 資料編 （一）』1971年、9 -12頁。

6 ）　文部省正定『小学生徒心得』東京師範学校、1873年。宮田丈夫編『道徳教育資料集成 1 』第一法規、1959年、20-21頁。

7 ）　森川輝紀『教育勅語への道』三元社、2011年など参照。

8 ）　田中不二麿『理事功程巻 1 ・ 2 合衆国』文部省、1873年。なお、『理事行程』では他に、デンマークの「公学校規則」が掲載されている。田中不二麿『理事功程. 巻15 瑞士国、嗹国、魯国』文部省、1875年。

9 ）　西本郁子「子供に時間厳守を教える」橋本毅彦・栗山茂久編『遅刻の誕生』三元社、2001年、157-187頁。

10）　『福井市木田小学校百年史』1993年、48頁。

11）　「茨城県教育史」1958年、366-370頁。なお、群馬県は1878年小学生徒心得を文部省のものをベースに全24条で定めているが、文部省の第 2 条はない。追加されたものとして、「人の衣装の精粗美悪を称誉譏笑すべからず」など、既に始まっていた学校の問題に対応していると思われる。『群馬県教育史 第一巻』1972年、317-319頁。

12）　『青森県教育史 第三巻資料篇 I 』青森県教育委員会、1970年、120頁。なお、千葉県は1873年 1 月に、兵庫県は1873年12月に生徒心得を作成している。『千葉県教育百年史 第 3 巻』1971年、21-22頁。『神戸小学校五十年史』1935年、82-83頁。他に、小田県（現在の岡山県西部、広島県東部）小学生徒心得『岡山県教育史 中巻』1942年、161-162頁、149頁。『栃木県教育史』1957年、43-44頁。

13）　前述した群馬県のほか、「生徒心得ノ事」『埼玉県教育史第三巻』1970年、165-166頁。『静岡県教育史 通史篇上巻』1972年、383-384頁。「山梨県学則 生徒心得」『山梨県教育百年史 第一巻明治編』1976年、545-547頁。

14）　『長崎県教育史 上巻』1942年、482-486頁。『福岡県教育百年史 第 1 巻資料編（明治 I ）』34-37頁。

15）　例えば、「福井県小学校則」『福井県教育史』1975年、188-190頁。

16）　例えば、殿町小学校則『島根県近代教育史 第三巻資料』1978年、138-139頁。

17）　『東京都教育史資料大系 第二巻』東京都立教育研究所、1971年、149頁。

18）　『静岡県教育史 通史篇上巻』1972年、342-343頁。

19）　1900年に、長野県知事は小学校長に校則を制定することを命じた。それは、「御真影並ニ勅語謄本ノ奉護ニ関スル事項」にはじまり、「職員ノ勤務ニ関スル規程」「教授ニ関スル規程」から「訓育ニ関する規程」「学校衛生ニ関スル規程」などを含んでいた。『往郷・中部小学校沿革史』1997年、240-241頁。

20)　『大分県小学校生徒心得』1878年。『神奈川県小学生徒心得』1878年。群馬県『小学生徒心得』1879年、など。

21)　宮田、前掲書、21-22頁。松野修「明治前期における児童管理の変遷」『教育学研究』第53巻4号、1986年、355-364頁、参照。

22)　『新潟県小学生徒規則』精良堂、1885年。なお他にも『東京府小学生徒心得』1878年、など。

23)　『日比谷高校百年史 上巻』1979年、9-10頁。

24)　四方一瀰『「中学校教則大綱」の基礎的研究』梓出版社、2004年、265-288頁。

25)　水谷智彦「教師の懲戒権規定の前史」『立教大学教育学科研究年報』第58号、2014年、141-158頁。

26)　『神戸小学校五十年史』1935年、107-112頁。

27)　深谷昌志編『子どもの規範意識を育てる』教育開発研究所、2002年、122頁（深谷昌志執筆）。

28)　はだしを意味する。

29)　碓井岑夫「道徳教育における評価の歴史」藤田昌士ほか編『現代教育評価講座7』第一法規、1978年、227-246頁、特に230-231頁。天野正輝「明治期における徳育重視策の下での評価の特徴」『龍谷大学論集』第471号、2008年、86-105頁、特に89頁。

30)　『新潟県教育百年史明治編』1970年、1101頁。

31)　『福井県木田小学校百年史』1993年、162頁。

32)　『島根県近代教育史 第一巻通史』1978年、537頁。

33)　高野桂一『学校経営の科学化を志向する学校内部規定の研究』明治図書、1976年、91頁以下。

34)　同上、104頁。

35)　『日比谷高校百年史上巻』1979年、102-103頁。斉藤利彦『競争と管理の学校史』東京大学出版会、1995年、4-5頁参照。

36)　『府立四中 都立戸山高百年史』1988年、72-74頁。

37)　例えば、『石川県金沢第一中学校一覧 大正四年度』1916年、121頁。なお、校訓については岩木、前掲書、152頁以下参照。

38)　弘前中学校生徒心得綱領、『鏡ヶ岡百年史』1983年、137頁。宮城県立高等女学校細則『一女高百年史』1997年、428頁。『石川県立金沢第一中学校一覧 大正4年度』1916年、121頁。『千葉県立木更津中学校一覧 大正7年度』1918年、48頁、など。

39)　「生徒手帳」岸和田中学校、1910年頃。

40)　手塚岸衛『自由教育真義』東京宝文館、1922年、6頁。

41)　永井輝『幻の自由教育』教育新聞千葉支局、1986年、116頁。

42)　「千葉師範学校附属小学校教育要覧（大正十年）」『千葉師附小・自由教育6』宣文堂書店、1974年。

43)　『千葉師範附小・自由教育1』宣文堂書店、1974年、187-190頁。『千葉師範附小・

自由教育 2』宣文堂書店、1974年、85-93頁。二次文献としては、永井、前掲書、83-91頁。

44)　『神戸小学校五十年史』1935年、415-416頁。

45)　『奈良女子高等師範学校附属小学校一覧』1917年、29頁。

46)　同上、37-38頁。

47)　『わが校百年の教育』奈良女子大学付属小学校、2012年、22頁。

48)　深谷、前掲書、128頁。

49)　『八尾高校百年史』1995年、823-824頁。

50)　『横浜三中・三高・緑高六十年史』1983年、194-196頁。

51)　『大社高校百年史』1999年、276頁。

52)　文部次官通牒（1941年 1 月28日付け発普第31号）『文部省例規類纂』1941年、30-40頁。

53)　『北野百年史』1973年、1152頁。

54)　『石川県教育史　第一巻』1974年、963頁。

55)　『大河小学校のあゆみ』1984年、96頁。

56)　斉藤、前掲書、188頁。

57)　『大社高等学校百年史』1999年、276頁。

58)　『埼玉県立浦和中学校一覧』1920年、101-102頁。

59)　原文は縦書きのため、「左」とある。本書では以下、他の箇所も「左」を「下記」に改めた。

60)　『埼玉県立浦和中学校一覧』1920年、28-30頁。

61)　『北野百年史』1973年、307頁。

62)　『三丘百年』1995年、113頁。

63)　京都府高等女学校規則（1895年）、桑原三二『高等女学校の成立』1982年、79頁。高等女学校の心得としては、「女徳」「婦徳」などがいわれていた。姜博「大正期の高等女学校の学校生活に見る良妻賢母教育の実際」『早稲田教育評論』第29巻、85-96頁。

64)　青森県県立第一高等女学校の例。『弘前市教育史　上巻』1975年。

65)　『大手前高百年史』1987年、90頁。

66)　『和泉高校百年史』2001年、107頁。

67)　『創立八十年史』千葉県立長生高校、1972年、259頁。

68)　『萩生小学校百年史』1974年、121頁。

69)　『神戸高校五十年史』1971年、26頁。

70)　『一女高百年史』1997年、429頁。

71)　桑原三二『旧制中学校のストライキ』私家版、1992年、参照。

72)　『明治以降教育制度発達史　第三巻』教育資料調査会、1938年、197頁。

73)　同上、199頁。

74)　大阪府はすぐに、文部省訓令とほぼおなじ訓令を出している。『大阪府教育百年史　第四巻　資料編（三）』1974年、267-268頁。

75) 『仙商百年史』1996年、63、67頁。

76) 佐藤秀夫『教育の文化史 2』阿吽社、2005年、254頁

77) 滝内大三『未完の教育学者』晃洋書房、2014年、246頁。

78) 小野田正利『教育参加と民主制』風間書房、1996年。

79) 本書、第 6 章も参照。

80) 谷本富『中等教育の革新』（私家版）、1962年。

81) 『山口高等商業学校沿革史』1940年、310頁。

82) 『教育時論』第310号、1893年、35頁。

83) 滝内、前掲書、115頁。

84) 谷本、前掲書、101頁。

85) 谷本富『新教育講義』（復刻版）玉川大学出版会、1973年、103頁。

86) 佐藤秀夫『教育の文化史 2』阿吽社、2005年、254頁。なお、佐藤も滝内も博士論文が未刊行となった理由を明記していない。

87) 『鏡ヶ丘百年史』1983年、140頁。

88) 『東奥日報』1914年 3 月 4 日。

89) 『弘前市教育史 下巻』1979年、176頁。

90) 太田拓紀「明治後期中学校における学校紛擾と学校文化の変容」『ソシオロジ』第193号、43-60頁。

91) 『鏡ヶ丘百年史』1983年、142頁、『弘前市教育史 下巻』。

92) 『鏡ヶ丘百年史』1983年、144頁。なお、泉嶺『母校賛歌 弘前高校物語』北方新社、1993年、110-111頁。

93) 斉藤、前掲書、198頁以下。

94) 同上、249頁。

第 2 章

校則の歴史　戦後

1　戦後改革期の生徒心得

　終戦後に新たな教育がはじまるが、生徒心得も改められたものの例外ではない。木更津中学校では、1946年1月に「旧生徒心得・旧校訓を回収」して「真善美聖」などの新たな校訓を定めている[1]。岸和田中学では1947年7月5日に生徒新聞において新たな校則の概要が明記されているが、その末尾に「我々は生徒として、人としての自由を得るために遠慮なく直言し合って、我々の責任を果たし校風を昂揚し、我々の学校を楽しい学園とすることに努めやう」とあり[2]、明らかに「民主主義的な方向」へと変遷している[3]。

　旧制の中学校、高等女学校は新たに男女共学の高校としてスタートすることとなる。教育基本法の制定後は「教育基本法並に学校教育法の精神に基き、民主的で文化的な国家の有為な形成者を育成し、世界の平和と人類の福祉に貢献せしめることを以て理想とする[4]」といった方針が掲げられた。共学化のために、新たに女子（男子）制服の規定をつくる必要があったところもある。

　1948年に公刊された、新たな文部省著作教科書の『民主主義』では、「民主主義を学ぶ方法」として、「ものごとを学ぶためのいちばんよい、いちばん確かな方法は、学ぶべき事柄を実行してみることである」と述べている。学校で民主主義を学ぶためにも「学校という社会の民主主義」について学ぶこと、そのために「校友会」が重要な位置を占めると主張している[5]。それでは、学校において「民主主義」を定着させるための実践はどのように行われていたのであろうか。民主主義を自分の行動を伴って学ぶとは、学校内のルールを民主的に決定し、自分たちで守ること、自分たちで民主的に運用していくこと、場合によっては自分たちで修正していくことが含まれるであろう。後に1951年版の学習指導要領では「特別教育活動」が設置され、そのなかに戦前の校友会から名称をかえた児童会・生徒会も含まれていた。しかし、そのなかで学校に関する規則について生徒を含めて議論した記録は多くは残っていない。

　例えば、1949年に文部省から出された『新しい中学校の手引き』においても、生徒会の目的は「生徒をして、民主社会における生活様式に智熟せしめることである」とし、生徒会の活動としては「学校における善い行いの奨励、……生徒集会の計画、編成」「学校の安全、防災訓練」など学校の活動全体にわたるさまざまな事柄が挙げられている。同書は「市民としての教育」の章もつくり、学校の活動は「民主的でなくてはならない。そのためには、学校は、生徒の活動に関する生徒との協議会をいろいろ持つことが必要である。……いろいろな協議会の中には、校則や、学級のきまりや、学級文庫・学校図書館の規則を推薦するための協議会……」と述べ、生徒参加を含む協議会による校則の改廃の必要性を述べている。ここで校則という用語が使われているが、この時代「生徒心得」が使われていたことのほうがずっと多く、「心得」であることから、教職員のほうが一方的に定めるものという観念があったといえよう。なお、富岡勝の研究は、生徒会は発足期から既に形骸化の問題に悩まされていた。役員選挙や議会制さらには三権分立などの民主主義的機構だけが急速に整備されたこと自体が原因となって形骸したのではないか、と指摘している。

　そういうなかで、学校の規則について、生徒を含めて議論されていた一例を挙げると、京都市立旭丘中学では「雨の日の土足」の規則が厳格にすぎて守られないということから、生徒会で「はきものの規則」を定めるに至った。その内容は以下のとおりである。

（1）校舎をよごさない
（2）校舎を傷つけない
（3）やかましい音をたてない

1　私たちは学校長より委任された美化の責任を、私たちの自主的精神によりどこまでもまもらなければならない。利己心や暴力や無関心によって、私たちの学校をよごすことがあってはならない。

2　私たちの親をはじめ、京都市民全体の力によって出来たこの校舎を傷つけるような行動は、私たちの自治活動を破壊するのである。

3　私たちは自分1人のことにだけ心をくばって、他人を無視してはならないのであって、つねに規約……の精神を忘れず、他人のめいわくとなるような音をたてることを、はきものについても深くいましめなければならない。

私たちは1人1人が強い民主的自覚を持ち、学校を愛し、生徒会の発展を願う心からの熱情により、私たちの名誉と責任とにかけて、この規則をまもりぬくことを誓う。

> **規則1**　校舎内では、ゴム底、わら底のはきものは、ドロや土をていねいに落とし
> て、はいてもよい。その他のはきものは、校舎内で使うことができない。

　学校内において、合理的な機能を果たすことのできる規則を、生徒をも含め
て話し合うことができていたといえる。しかし、上記のようなケースは少数例
であるといわざるをえない。全国に新たに中学校および新制高校が設置された
この時期において、生徒心得をめぐって議論がなされた形跡は残っていない。
「民主主義」が強調された時代であるが、生徒の意見を取り入れて規則をつく
るという動きはまずない。やはり、「心得」は学校や教員がつくるものであっ
た。それに、「生徒心得」に基づく生活指導という観念がこのころは重要視さ
れていなかった。高校の場合、戦前のものを戦後の民主主義教育原理にも表向
き抵触しない条項を焼き直して形を整えたといってよいものであった。しかし、
冒頭の規定の趣旨に「民主的」「自主的・自律的」「創造的」等を志向する生徒
像が枕言葉として付される点が、戦前と異なっていた。[10]
　1957年の時点での大阪府北野高校の生徒心得の例を挙げておく。[11]

生徒の主要な心得
　名誉と伝統ある北野高校生として、また将来民主社会の指導者教養人たるべく本校生
徒は下記の諸項を守らなければならない。
（一）礼儀
　すべての人が相互に敬愛し切磋琢磨することによって学校教育が成り立つのであるか
ら、先生に対し会釈しまた生徒間でも挨拶を怠らぬように努め外来者に向かつても礼を
失わないように心がけること。
（二）言語
　男女共にそれぞれ上品明瞭丁寧活発であるように心がけ、粗暴軽浮柔弱にならぬよう
につとめること。
（三）服装及び所持品
　高校生の品位に相応しい質実清楚を旨として贅沢華美に流れないこと。
　　（1）男子は詰襟、女子は背広形で黒又は紺を原則とする。
　　（2）登校外出の際は男子は制帽を着し女子はバッヂをつけること。
　　（3）通学には黒革靴を原則とするがズック・ゴム底靴を用いてもよい。革靴の場
　　　　合は校舎内では別に上靴を使用すること。
　　（4）頭髪は男女共に高校生としての品位を失わぬようにすること。

（5）貴重品はみだりに持参しないこと。

（6）所持品にはできるだけ記名しておくこと。

（四）男女の交際

　他から誤解を招かぬようにすべて公正明朗な態度を保ち、交際については先ず家人の諒解を必要とする。

（五）下記の義務を怠ってはならない。

（1）毎月定期に収めるべき授業料その他諸費の納入（怠ったときは登校を停止されることがある。）

（2）清掃当番

（3）各クラス議員および委員の任務

（六）授業については下記の事情に注意しなければならない。

（1）正当な事由なくして遅刻、早退、欠席をせぬこと。

（2）自習時間にも他の授業の妨げにならぬよう静粛にすること。

（3）授業中は原則として外套、手袋を着用せぬこと。

（4）欠席等の届

（5）欠席・結果・早退等はその事由を事前又は事後（出席後三日以内）に学級主任に届出ること。特に欠席については保護者から届を提出すること。なお病気欠席一週間以上にわたるときは、医師の診断書を添えること。殊に病気中の欠席は至急組主任に連絡すること。

（6）近親者死亡の場合、忌引は下記の日数以内で認められる。

　　　父母　七日、祖父母兄弟姉妹　五日、曽祖父母伯叔父母　三日

（七）考査　　（略）

（八）校内での政治活動は絶対に禁止されている。

（九）下記のことは必ず学校の許可を要する。

（1）午後五時以後及び休祭日に集会その他の目的で校舎を使用すること。

（2）提示、印刷物の刊行・配布及び放送

（十）下記のことは表彰される。

（1）学業操行優秀なもの

（2）自治活動・クラブ活動に功労のあるもの

（3）皆精勤のもの

（4）篤行あるもの

（十一）下記の場合は必ず処罰される。

（1）前掲（九）について許可を受けなかった場合

（2）考査に際して不正行為のあった場合

（3）喫煙、飲酒等

（4）暴力行為

（5）備品等公共物を故意に破損した場合

（6）その他生徒の本分に反する行為のあった場合

（十二）退学は左の各号に該当する場合に行う（学校教育法施行細則第十三条）（内容は
　　　略）

（十三）表彰と処罰の種類（略）

　冒頭で「名誉と伝統ある」学校への所属意識について述べ、「教養人」の育
成ということもいわれている。学校生活が成り立つうえでの規定を簡素に規定
している。服装の規定は、制服のほかは最小限にしている。制帽やバッジ、男
女交際は「家人の諒解を必要」というのは、この時代の規定といえるであろう[12]。
服装は「質実清楚を旨として贅沢華美に流れない」、頭髪は「高校生としての
品位を失わぬように」などの規定は、戦前からの影響もうけているものであり
後にも典型的なかたちとして続くものである。

2　高校紛争と生徒心得

　1965年には文部省『生徒指導の手びき』[13]が刊行され、高校の役割として学習
指導だけでなく生徒指導にあたることが公式にいわれ始める。同書は「教職員
と生徒との間および生徒どうしの間に、望ましい人間関係が実現され惻隠され
ること」「生徒の学校生活への適応」「望ましい習慣形成」[14]などをいうものの、
ここでも校則や「生徒心得」に関する言及はない。今日のように校則による生
徒指導という観念がないか希薄であったといえよう。しかし、次第に校則の条
文の数をみても増加の傾向がみられはじめるようになる。

　1960年代後半からの「高校紛争」の時期には、生徒心得をめぐっても「紛
争」となった。教育課程や教育評価など高校教育のありかたそのものが問題と
なった場合もある。なかには、高校生から生徒心得の撤廃や、掲示・集会の許
可制反対、政治活動の範囲、生徒自治の要求、職員会議の公開などが要求され
たこともあった[15]。

　東京都立竹早高校のように、1969年に「生徒権宣言」を出した高校もあった。
それは、「我々は生徒会自治活動において自ら議決し執行する権利を有する」
からはじまり、行事を生徒が自主的に行うこと、カリキュラムや学級編成、施
設の購入に「生徒の意見を反映させることができる」と続く。

　生徒の権利については、「我々の一切の思想及び表現の自由、即ち出版、提

示の自由は保障される。従って従来の検閲制は廃止され、校内の言論、出版、提示は生徒が管理する」「我々は教師の体罰や納得のいかない処置、威嚇に対しては断固として抗議追及する」「生徒に関する諸規則は生徒が定め、生徒が管理する」とある。この「宣言」は1994年まで生徒手帳の冒頭に記載されていた[16]。このような学校はやはり例外的であったといわざるをえない。現在にいたっても「生徒の権利」を校則に明記しているところは少ない。

この時期に「制服の自由化」「着帽」「長髪」は多くの高校で問題となっている。学校によっては、議論の末に制服を廃止したところもあり、存続したところもある。1970年の時点でのある調査では、東京都立高校で男子は20%、女子は16%の高校で制服は自由となった[17]。大阪府立天王寺高校は1971年に服装問題が生徒総会で話し合われ、それをふまえて職員会議に報告、了承されて服装の自由化が決定され、不要と思われる規定は廃止された。それには「外出・登校の際は、学校で認められた服装を着用すること」「男子は必ず制帽を着用すること」「男子は襟章、女子は徽章を必ずつける。これらは本校生徒の面目を表示するものであることを忘れてはならない」のほか、「やむを得ず、和服で登校する時は必ず届け出ること[18]」という当時にも不要と考えられるものもあった。一旦服装を自由化したものの、その後生徒自らの発案で制服にもどしたところも少なくない。

一例として、ロングホームルームや学友会総会で制服問題についての話し合いが行われ、生徒総会により要望が提出され、「服装自由化」が行われた高校の例をみておく。仙台第一女子高校では、1950年に「生徒から制服をきめたいという強い要望」がでて、「制服委員会」が定めた制服が着用されていた。その理由の一つとしては「生徒を風紀上の危険から多少でも守れる」ことが挙げられていた[19]。時代を経て1966年にロングホームルームで「制服改正」に意見が出されたことをはじまりに、服装の問題が何年もかけて話し合われた。この時期に近隣の高校で「服装の自由化」に踏み切ったところも多かった。1972年の学友会総会で話し合われた内容とは以下のとおりである[20]。

肯定的意見	否定的意見	中間的意見
・学校の秩序を維持するのに必要だ。	・学校の秩序を維持するのになんら役立っていない。	・どちらになっても構わない。
・規則はまず守られなく		・この問題には関心がな

てはならない。	・規則だけが先走りしている感がある。	い（特に 1 年生）。
・連帯感を持つことができる。	・連帯感の醸成とはなんら関係はない。	・私服など時期尚早ではないのか。
・自己規制には有効である。	・枠がはめられているようで窮屈だ。	・賛成、反対どちらにも決定的な理由がない。
・制服というものに抵抗はまったくない。	・自分の服は自由に着たい。	・試験的に私服を導入してみてはどうか。
・学生らしくてよい。	・学生らしさと制服は何の関係もない。	・もっと服装の本質の議論が必要だ。
・経済的な側面が大きい。	・私服着用のほうが安上がりである。	
・日常の忙しさの中で便利である。	・制服では個性が生かせない。	
・制服を着たからといって個性は失われない。	・私服になったからといって華美にはならない。	
・質実の精神が現れてよい。		
・家庭では制服が評価されている。		

　その後、学友会総会でも話し合いが続き、生徒間で約三分の二の賛成を得た「第一次要望書」を提出した。それは「自由化を望んでいるわけではなく、単に生徒の意見をまとめた」ものであった。1973年7月の「第二次要望書」では「制服自由化を強く要望」され、職員会議での話し合いも続き、1974年7月の臨時職員会議で「自由化」が決定する。1974年度の「生徒心得」から従来の「服装に関する規定」は削除され、服装規定は「上靴は黒の運動靴（ズック、皮革）とし、夏季は別に定めるもの（上記白色サンダル）を用いてもよい」という2項目のみとなった。[21]

　この時期に、多くの高校で服装をめぐる話し合いがなされている。高校生による自治機能がある程度成立していたといえる。

3　校則と「管理教育」、校則の「見直し」

　1970年代後半あたりからはむしろ、校則が生活指導基準、生徒管理の手段として使われるようになる。管理的な生徒指導が行われる、すなわち生活指導が「取り締まり」であるかのように行われ、その規準として校則が用いられることになる。[22]

　非行防止対策としても、校則によって「頭髪制限」「バイク禁止（三ない運動、

免許を取らない、乗らない、買わない)」をはじめとする規制が行われるようになった。1970年代後半にから80年代前半にかけて、対教師暴力の発生件数が急増することもあり、さらに1980年代にはいると「管理教育」の語句が新聞紙上にも使用されるようになる。生徒にとって厳しい校則の制定、適用が行われるようになる。それは時には、例えば「休憩時間にはトイレ（に行く）」「立礼は上体を30度に」「スカートひだは24本[23]」などとある。過度に「厳しい」「細かい」ことが指摘されるようになった。「細かすぎる校則」が制定され、それを遵守させることが自己目的のように運用されることが、次第に問題視されるようになった。この時代にこのような動向が発生したのは既に「教師の権威の低下」のため、明文化した数字まで含んだ規則がなければ指導が不可能になってきた、ということも考えられる。

　1980年代にはいると、こういった動向が過剰ではないかという見方もでてくる。裁判所においても校則の問題性について正面から争うケースが登場するようになる。それらは通常、「校則裁判」と呼ばれる。1980年代半ばには公立中学校の三分の一に「丸刈り校則」が存在したといわれる[24]が、校則裁判の嚆矢となるのは、1981年には熊本で提起された「丸刈り訴訟」である。公立中学校の校則で男子生徒の髪型が「丸刈り」と定められていたことに関して、校則の無効確認、および精神的損害に対する賠償の請求を求めて出訴したケースがある。その後、パーマやバイクをめぐっても訴訟が提起されるが、詳しくはあとで論ずる。

　日本弁護士連合会は、1985年には985校の校則調査を行い、シンポジウムを開催するとともに、「学校生活と子どもの人権に関する宣言」[25]という決議を行っている[26]。学校生活において、子どもを「詳細極まる校則、体罰、内申書などによって管理」することを問題にし、「『生徒心得』などの多くは、校内生活の心得、所持品規制、服装や髪型の規制、校内掲示や集会規制のみならず、通学路の規制から本来自由であるべき校外生活のあり方に至るまでこと細かく規定しており、子どもの精神的自由（憲法21条）、憲法13条から導かれるプライバシーの権利、いかに生きるかを自ら決定する権利、あるいは国際人権規約A規約13条に定められた「親権者などが、自己の信念にしたがって児童の宗教的および道徳的教育を確保する自由」を侵害する危険性が極めて高いものである」と厳しく批判している。

　当時の中学校の生徒心得の例を挙げる。靴は「白を基本としたひもつきの運

動靴（男子）」「白を基本としたひもつきの運動靴、黒または茶の通学靴（女子）」、靴下は男女とも「白ソックス（白ハイソックス可・ワンポイント可）」、頭髪は男子は「横の髪は耳にかからない、後の髪はえりにかからない」、女子は「おさげ、おかっぱまたはこれに準ずる髪型とする。髪が肩に触れない、パーマ、髪かざりは禁止、長い髪は結ぶ[27]」。まさに「細かすぎる」校則といえよう。

　1988年 4 月には、同年 3 月に中学校において校則に違反する髪型の生徒の写真を卒業アルバムから外すという事件が起きた。それをきっかけに、文部省は「校則の見直し」を指示することになる[28]。文部省は法令に存在しない語句である校則について指導を行うようになったわけである。

　そこで、校則の内容に関しては、① 絶対に守るべきもの、② 努力目標にすべきもの、③ 自主的判断にまかせてよいもの、がミックスされているのではないか、ということが指摘された。さらに、「きまりについては、児童生徒にこれを消極的に守らせるのではなく、自主的に守るようにすることが大切である[29]」という。当時の文部省初等中等教育庁中学校課長は「生徒から……意見がでた場合、生徒の意向や真意を汲みとって、生徒の立場も踏まえて校則を見直してみる。これは大切だと思います[30]」と発言している。

　しかし、その後の校則を見ても、①②③の分類を明記していることはないといってよく、校則が生徒にどの程度の義務を課すものであるのかは、曖昧なままが続いている。地方教育行政の組織及び運営に関する法律第48条により文部省は県・市町村教育委員会に、県教育委員会は市長村教育委員会に指導、助言は可能である。このケースは強制的、誘導的な指導が行われていたわけでもなく、影響は少なかったといえる[31]。

　例えば「服装は質素なもの」という規定は努力目標なのか、違反すると指導の対象になるのかなど、規定の受け止め方によって意味合いがかわる場合がある。この文部省の指導は、影響力をもたなかったといってよい。

　さらに、文部省は校則が「過度に些末な事項にまでわたっていたり、校則に関する指導が、いたずらに規則にとらわれて一方的に行われる[32]」、「校則の指導が教師の共通理解を欠いてまちまちであったり、硬直的・形式的に行われる[33]」ことを問題とすることを繰り返すようになる。

　文部省は全国中学校長会及び全国高等学校長協会に委託して、「日常の生徒指導の在り方に関する調査研究」を実施する。全国の公私立中・高等学校の 1 割を無作為抽出して行われた調査である。「見直し」が行われた校則の「内容」

は「服装」が中学（60.7％）・高校（62.2％）と最も多い。高校の場合以下、「頭髪」「校外生活」「校内生活」「所持品」と続く。「1988年4月以降に校則を『見直したことがある』中高は56.6パーセント、『見直している最中である』中高は17.3パーセント」、合計7割を占める。同調査報告では「校則の見直しは、継続して取り組むことが大切である」「思い切った見直しが必要である」「生徒が主体的に考えるよう指導することが大切である」「学校は家庭や地域との信頼関係を作るとともに、開かれた学校づくりを目指すことが大切である」と述べていて、さらなる「見直し」と生徒や保護者からの理解の必要性を述べている。

　文部省はさらに、「校則の見直しはかなり進んでいるとみられる」、さらに「いったん見直せばそれで良いというものではなく、児童生徒の実態に応じて絶えず積極的に見直しを行うことが大切である」と述べ、方針を続けることを表明している。その「見直し」の効果は本書第3章にみる。

4　近年の校則問題

　時代を経て、2010年に出された文部科学省『生徒指導提要』では、「生徒指導に関する法制度等」のなかに「校則」の節をたてて2ページを割いて「校則の根拠法令」「校則の内容と運用」について言及している。「校則の見直し」について、内容の見直しは最終的には教育に責任を負う校長の権限であると述べる一方で、「見直し」の方法例として、「児童会・生徒会、学級会などの場を通じて主体的に考えさせる機会を設ける」「PTAにアンケートする」などを挙げている「校則の見直しは……児童生徒の主体性を培う機会にもなります」と述べている。1990年代の「校則の見直し」において指示したことをそのまま引き継いでいるといえ、文部科学省の姿勢は一貫している。

　その後、ふたたび「校則」が注目をあつめる時代がくる。「茶髪」という頭髪問題から訴訟になったケースが2件ある。中学校内で茶髪を黒染になおす指導をうけた生徒が「体罰」であると主張したケースと、大阪府立高校に2015年に入学した生徒が「黒染めを強要された」ことから不登校になり、損害賠償を請求して出訴したというケースである。後者は新聞などでも報道された。報道によると、当該生徒は幼少期から地毛が茶色であったが、学校行事のために黒染めを強要された。高校入学後も学校に説明はしたが、学校に地毛登録の制度

はないが配慮するとの回答はあった。ところが、「その髪の色では登校させられない」と黒染めを強要された。その後も「黒染めが落ちてきた、あるいは黒染めが足りない」という理由で頻繁に黒染めを強要された。2 年生になると度重なる黒染めで頭皮・頭髪が痛み、美容師からもやめるように助言されていたが、学校は「ルールだから」の一点張りで黒染め強要を続ける。2 年生の 2 学期には 4 日に一度以上のペース（18 日間に 5 回）で黒染めを強要された。授業への出席を禁じられ、修学旅行にも参加できず、不登校となった。このケースは第 5 章でみるとおり訴訟へと進展したほか、関係するテレビ番組が作られるなどした。

　近年では「ブラック校則」という用語が使われることもあるが、再び校則の問題点が頻繁に議論される時代となったといえる。なぜ、黒染を強要するような事態が生じているのか。生徒に「健康被害」が生じるほどに黒染が何度も強要されたという話は、この件だけに限る話ではない。「生徒は黒髪でなければならない」ということから「人権感覚の麻痺」をもたらしたのではないか。また、学校が評価される時代となり、「茶髪の生徒が多い学校」は「学校の評判が下がる」と判断されることが懸念されたからではないか。上記の大阪府立高校に関しても、学校側の説明は校則の目的を「主に学校の評判を守るため」と当初説明していた。大阪府では 2012 年の大阪府立学校条例によって「入学を志願する者の数が三年連続して定員に満たない高等学校で、その後も改善する見込みがないと認められるものは、再編整備の対象とする」という規定ができて、学校としてはそれを意識せざるをえなくなる、他県でも同様の状態があると考えられる。それは確かに、在校生の就職にもかかわることと意識されている。しかし、それで「生まれつき茶髪」の生徒にまで黒染を強要するのは明らかに不当である。現在の当該高校の校則では、「故意によるパーマ・染色・脱色は禁止する」と定めているだけである。「故意による」の言葉がはいっている以上、「生まれつき茶髪」の生徒はそのままでよい、という判断となる。

　2020 年代になって、校則のさらなる「見直し」が求められる報道は続いている。一方で教育委員会の側も校則に関する調査を行い、結果を公表して「見直し」をすすめようとしているところもある。さらに、熊本市教育長は 2021 年 2 月の教育委員会において、教育委員会規則（学校管理規則）を改正し、① 校長の校則制定権は必要かつ合理的な範囲内に限る。② 校則の制定・改廃プロセスに教職員・児童生徒・保護者が参画する。③ 校則を公開する、ことを提言

している。さらに、2021年3月には「校則・生徒指導のあり方の見直しに関するガイドライン」を制定した。しかし、このような教育委員会は未だ一部のものといわざるをえない。

注

1 ）『木高百年　資料編』2002年、26頁。

2 ）『岸中新聞』1947年7月5日（引用は、『「岸中新聞」「岸高新聞」縮刷版　上巻』（2005年、63頁）による。

3 ）『岸和田高等学校の第一世紀　通史編』1997年、381頁、393頁。

4 ）『府立四中　都立戸山高校百年史』1988年、191頁。

5 ）文部省『民主主義　下』教育図書、1949年、282-304頁。

6 ）文部省学校教育局編『新しい中学校の手引き』明治図書、1949年、174、181頁。

7 ）同上、190頁。

8 ）富岡勝「生徒会の発足」小山静子ほか編『戦後公教育の成立』2005年、217-244頁、242頁。

9 ）永井道雄・馬場四郎「旭丘の生徒はどのように成長したか」『東京教育大学教育学部紀要』第5巻、1959年、1-25頁（馬場執筆）。なお、旭丘中学に関して詳細に扱う文献としては、大久保正廣『混迷の学校教育』牧歌社、2010年。

10）高野、前掲書、147頁。

11）『北野百年史』1973年、1460-1461頁。

12）他に、制服の規定などが2020年になっては、変更されている。基本的には同じ形式がかわっていない（https://www.osaka-c.ed.jp/kitano/70students/rule.pdf　2021年3月20日最終確認）。

13）文部省『生徒指導の手びき』1965年。

14）同上、7-9頁。なお、同書は改訂版として『生徒指導の手引（改訂版）』（大蔵省印刷局、1981年）が刊行されたが、同旨。

15）北沢弥吉郎『東京の高校紛争』第一法規、1971年、68頁。坂本秀夫『生徒会の話』三一書房、1994年、70頁。なお、柿沼昌芳ほか『高校紛争』批評社、1996年。小林哲夫『高校紛争1969-1970』中央公論新社〔中公新書〕、2012年。

16）『竹早の百年』2003年、287-288頁。なお、北沢、前掲書。

17）高橋春樹編『東京学校服協同組合の歴史』1975年、129頁。

18）『桃陰百年　大阪府立天王寺高等学校創立100年記念誌』1996年、535頁。

19）『一女高百年史』（宮城県第一女子高等学校）、1997年、438-439頁。

20）同上、306-307頁。

21）同上、307頁以下。

22）参照、城丸章夫『管理主義教育』新日本出版、1987年。

23)　『朝日新聞』1985年7月11日。（　）内は引用者による。

24)　林大介「学校のルール」『季刊教育法』第204号、4-13頁、特に10頁。

25)　『朝日新聞』1985年10月16日。

26)　https://www.nichibenren.or.jp/document/civil_liberties/year/1985/1985_1.html
2021年3月20日最終確認。

27)　『ジュリスト』第912号、1988年、18-21頁。

28)　文部省『我が国の文教施策（平成2年度）』大蔵省印刷局、1990年、313-315頁。

29)　「初等中等教育局長あいさつ要旨」（1988年4月25日）（文部科学省初等中等教育局
児童生徒課『生徒指導上の問題点の現状と文部科学層の施策について』2002年、317-
318頁）。

30)　辻村哲夫「『校則』の何を、どう見直せばよいのか」（『中学教育』1988年7月号、
52-59頁、56頁）。

31)　児山正史「校則見直しに対する文部省・教育委員会の影響(1)」『人文社会論叢　社会
科学篇』（弘前大学）第6号、2001年、55-77頁。同「校則見直しに対する文部省・教
育委員会の影響（2・完）」『人文社会論叢　社会科学篇』（弘前大学）第7号、2002年、
79-101頁。なお、大阪府教育委員会は府立高校に対する指示事項として、「ア　校則は、
児童・生徒の意見を受け止め、守るべきもの、努力目標というべきもの、児童・生徒
の自主性に任せてよいものなどに整理し、各学校の実情に応じて適切に見直すこと。
イ　指導に当たっては、画一的な指導や行き過ぎた指導とならないよう留意し、懲戒
規定についても見直すとともに、児童・生徒や保護者の意識の変化に対応した生徒指
導の工夫・改善を図ること」という項目を2020年に至るまで毎年挙げている（http://
www.pref.osaka.lg.jp/kotogakko/shiji/index.html　2021年3月20日最終確認）。

32)　文部省、前掲書、1990年、314頁。

33)　文部省『我が国の文教施策（平成3年度）』大蔵省印刷局、1991年、280頁。

34)　文部省初等中等教育局高等学校課長・文部省初等中等教育局中学校課長通知「校則
見直し状況等の調査結果について」（1991年4月10日）（http://www.mext.go.jp/b_
menu/hakusho/nc/t19910410001/t19910410001.html　2019年9月30日最終確認）。

35)　文部省、前掲書、1991年、281頁。

36)　全日本中学校長会・全国高等学校長協会「日常の生徒指導の在り方に関する調査研
究報告（抄）」（文部科学省、前掲書、320-323頁）。

37)　文部省『我が国の文教施策（平成4年度）』大蔵省印刷局、1992年、237頁。

38)　文部科学省『生徒指導提要』教育図書、2010年。

39)　同上、192-193頁。

40)　『季刊教育法』（第177号、2013年）では「カラーリングあふれる時代の頭髪指導」
という特集が組まれている。山岡賢三「中学校での頭髪指導と学校の対応のあり方」、
新井肇「学校の荒れと規律保持のはざまで揺れ動き苦悶する教師たち」、野田正人「文
部省『生徒指導提要』から生徒指導のあり方を考える」、長野仁志「『頭髪指導』と

『対話』『討議』」、28-31、32-35、36-39、40-43頁。

41)　林慶行「校則と生徒指導の本質について——黒染め強要裁判を通じて——」(『日本教育法学会第49回定期総会報告要旨・レジュメ集』2019年、26-27頁)。

42)　朝日新聞 (ネット版・2017年10月27日) (https://www.asahi.com/articles/ASKBS6D22KBSPTIL024.html　2019年9月30日最終確認)。なお、この時点での報道と、裁判における事実認定では多くの異なる点がある。

43)　NHK「関西熱視線」(2017年12月8日放送)。

44)　NHK「関西熱視線」(2017年12月8日放送) において、元生徒の証言が放送された。

45)　訴訟になってから「勉強・スポーツに意識を向けさせるため」と転じた。林慶行「校則と生徒指導の本質について」『日本教育法学会年報』第49号、2020年、50-58頁、特に53頁。

46)　熊本市教育委員会 (2020年10月) (https://www.city.kumamoto.jp/common/UploadFileDsp.aspx?c_id=5&id=31344&sub_id=1&flid=224031　2021年3月20日最終確認)、千葉市教育委員会 (2021年2月) (https://www.city.chiba.jp/kyoiku/gakkokyoiku/kyoikushien/kousokumatome2.html　2021年3月20日最終確認)。

　　他に、長崎県教育委員会が公立中学・高校に調査を行いその後、校則見直しを求める通知を校長に行ったことが報道されている (https://this.kiji.is/740745218232975360?c=395467418394624014　2021年3月20日最終確認)。

47)　熊本市教育長、遠藤洋路氏のブログより (https://endohiromichi.hatenablog.com/entry/2021/02/28/133546　2021年3月20日最終確認)。

第3章

校則に関する調査

は じ め に

　前章でみたように、1990年代から「校則の見直し」がすすめられた。その前後で校則はどのように変わったといえるのであろうか。ちょうど「校則の見直し」がすすめられる直前にはじまった加治佐哲也らによる調査および、今回筆者が行った調査を比較対照して考察を行い、知見を得ようと試みる。[1]

　1988年1月に、加治佐哲也らは宮崎短期大学において1年生336名を対象に「中学校・高等学校の校則に関する調査」を行い、結果を公表している。[2] 本章は約30年後の経年変化をみるために、加治佐らの調査と同様の質問をした。ただし、今回の研究対象は高校のみに限定している。調査対象は武庫川女子大学教育学部・同短期大学部幼児教育学科の1年生であり、調査時期は2019年6月・9月であり、回収数は325であった。

　加治佐らの調査項目は以下の8項目である。2019年の視点からみると、聞き方が適切でないと思われる点も存在するが、比較のためにそのままとした。加治佐らの用いた質問紙自体は不明であるが、その内容を復元することによって、質問紙を作成した。なお、加治佐は中学・高校の双方を調査し比較を行っている。今回は加治佐らの調査データでは高校のみを検討の対象とした。調査対象が女子のみ、調査時期が大学1年生のとき、という共通性はあるものの、上記の事情および、地域性など母集団に差異があるために、厳密な比較はできない。なお、武庫川女子大学教育学部生と同短期大学部幼児教育学科生のデータを比較すると、大きな差異はなかった。ただし、「校則検査の度合い」に関しては、教育学部生のほうが「ひんぱんにあった」「時々あった」と回答する比率が低かった（表3-7）。

　今回回収した質問紙は325枚であり、高校の所在地は兵庫県内（56.8%）、大阪府内（25.6%）、それ以外（17.5%）である。設置者は公立76.7%、私立22.6%、国立0.7%である。男女共学校85.6%、女子校14.4%である。高校の生徒数は

500人未満6.9%、500〜999人49.5%、1000〜1499人32.6%、1500人以上11.0%である。

加治佐らのたてた項目ごとに、以下にみていくこととする。

調 査 報 告

（1）校則の作成・修正
① 校則の作成・修正の有無

在学中に校則が作成・修正されたかを尋ねたところ、「2．なかった」と答えたのが、1988年調査では約60％であったのに対して、2019年調査では48.9％であった（表3-1）。2019年調査は、大阪府公立高校で「見直し」が行われた時期と重なることもあるが、若干修正が行われる割合が上がっているとはいえる。「不明」を選ぶ比率もあがっている。好意的に解釈すれば校則がかつてほど問題視されることはなくなった、ととれる。生徒の校則への関心はかつてほどなくなったともいえる。

② 生徒の意見の聴取

ここ（表3-2）では、①で「あった」と回答したものにだけ、校則が作成・修正される際に生徒の意見が教師に聞かれていたかを尋ねている。「1．必ず聞かれた」「2．時々聞かれた」をあわせると約54％であり、ほぼ変化していない。

③ 生徒の意見の反映

ここ（表3-3）では前の質問で「1．必ず聞かれた」「2．時々聞かれた」と答えた人にのみ、生徒の意見が実際に校則の中身に生かされたかを聞いている。

2019年調査のほうが、「1．必ず生かされた」「2．時々生かされた」の割合が増え、生徒の意見を反映する方向にあるといえる。校則の変更に生徒の声が生かされなかったとする方向の回答も2割強あり、まだ問題が残っていることもうかがえる。

（2）校則の内容

「校則の中で特に細かく決められていたのは、どのようなことについてでしたか」という問いを複数回答で尋ねた（図3-1）。2019年調査では全体として

表 3-1　校則の作成・修正の有無

	1988年	2019年
1．あった	39.9%	37.2%
2．なかった	59.5%	48.9%
9．無答・不明	0.6%	13.8%

出所）筆者作成（初出は大津尚志「高校の『校則』に関する一考察」『教育学研究論集』第15号、2020年、以下、第3章中の図表の出所同様）。

表 3-2　生徒の意見の聴取

	1988年	2019年
1．必ず聞かれた	28.4%	25.0%
2．時々聞かれた	23.9%	28.9%
3．あまり聞かれなかった	22.4%	14.1%
4．全く聞かれなかった	23.9%	25.0%
9．無答・不明	2.5%	7.0%

出所）筆者作成。

表 3-3　生徒の意見の反映

	1988年	2019年
1．必ず生かされた	28.4%	18.6%
2．時々生かされに	23.9%	50.0%
3．あまり生かされなかった	22.4%	22.9%
4．全く生かされなかった	23.9%	0.0%
9．無答・不明	2.5%	8.6%

出所）筆者作成。

回答項目数が減少しているのは、ここでも校則がさほど意識されなくなっていることを示しているともいえる。

　回答として1988年調査、2019年調査ともに多かったものは、「1．頭髪（83.1％）」「2．髪型（66.2%）」「10.アルバイト（61.8％）」「19.遅刻（48.6％）」である（数字は2019年調査）。全体として比率がさがる傾向にあるなか、「頭髪」が上昇しているのは「染色」「茶髪」という問題が新たに浮上したからだろうか。2019年に上昇しているものは「8．リップ」である。「リップ」は高校女子生

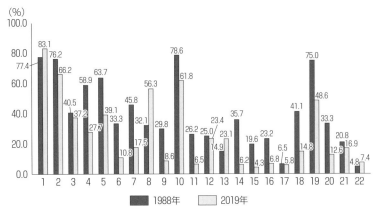

1．頭髪　2．髪型　3．持ち物　4．靴・ストッキング　5．靴下　6．名札　7．ヘアピン
8．リップ　9．生徒手帳　10．アルバイト　11．外出時間　12．登下校　13．通学路
14．外出時の服装　15．野外活動　16．交友　17．金銭　18．礼儀　19．遅刻　20．掃除
21．部活動　22．その他

図3-1　校則の内容

出所）筆者作成。

徒が化粧することが多くなったという時代を反映しているのだろうか。逆に
2019年調査で低下しているものは「4．靴・ストッキング」「5．靴下」であ
る。自由にしている学校が多くなったとも考えられる。

　また、「18．礼儀」の比率は大きく下がっているが、「高卒就職」の割合が下
がっていることが影響していると思われる。「14．外出時の服装」も大きく下
がっているが、2019年の時点で「外出時に制服着用」を求めることは減少して
いるからであろう。

（3）校則に対する生徒の納得

　2019年調査では、「全体として、校則に納得していましたか」という問いに、
「1．大いに納得していた」「2．だいたい納得していた」と答える比率は62.2
％であり、1988年調査の41.7％からみると上昇している（表3-4）。それは30
年の間に「校則の見直し」がすすみ、生徒に納得できる内容となっていった成
果であると評することができる。しかし、一方で「納得できない」回答が4割
近くにのぼるという実態にはまだまだ問題があるといえよう。

表3−4　校則に対する生徒の納得

	1988年	2019年
1．大いに納得していた	5.4%	7.5%
2．だいたい納得していた	36.3%	54.7%
3．あまり納得していなかった	47.0%	29.1%
4．全く納得していなかった	11.3%	7.8%
9．無答・不明	0.0%	0.9%

出所）筆者作成。

（4）校則の遵守

① 校則の遵守の割合

「高校生だったとき校則をどの程度守っていましたか」という問いに、2019年調査では「完全に」「だいたい」守っていたとする遵守派が90.8％であり、1988年に約8割であったことから、30年間の間に上昇している。なおも、「あまり」「まったく」守っていなかったという非遵守派は約1割を占める。やはり、校則に納得してない生徒にそう答える比率が高く、依然として問題視されるべきとはいえよう。

② 校則遵守の理由

前の問いで「完全に」「だいたい」守っていたと回答した人にその理由を質問した。校則遵守の理由を「1．校則が自分の納得のいくものだったから」「2．気持ちを引き締めたり、規則正しい生活や学習をするのに役立ったから」「3．守らないと罰をうけたから」「4．ほかの人と変わったことをしたくなかったから」「5．学校の秩序を保つのに必要だと思ったから」「6．何も意識せずに守っていた」「7．その他」のなかから尋ねた。

「守らないと罰をうけたから」と回答する割合が1989年の53.4％から22.5％へと大きく比率が下がっている。「学校の秩序を保つために必要」も同様に下がっている。校則を生活指導基準として、場合によっては処罰でのぞみ校内の秩序維持をはかるという姿勢が30年のあいだに低下したとみられる。「何も意識せずに守っていた」という回答の率が半数くらいであり変わらなく存在する。好意的に解釈すれば校則を守ることを特に問題である、苦痛であると感じていないととれる。ただ、問題意識をもたずに「守るのが当たり前」とだけ考えているという可能性もある。その反映か「校則が自分の納得のいくものだったから」という回答の率も17.6％から9.2％へと低下している。2019年では「その

他」として「部活動のため」という回答があった。学校生活における部活動が占める時間の割合はこの30年間であがっているが、部活動の顧問から「校則遵守」をよびかけるということがおきてきている。

③ 校則非遵守の理由

「あまり」「まったく」守っていなかったと答えた人にその理由を質問した。校則非遵守の理由を「1．校則に納得していなかったから」「2．他の人と変わったことがしたかったから。(目立ちたい、反抗したい)」「3．校則を守ると見た目が悪くなるから」「4．校則を守ることができない、やむを得ない理由があったから」「5．みんなが守らなかったから」「6．先生からの注意や指導をうけなかったから」「7．守らなくても罰がなかったから」「7．意識せずに守らなかった」「9．その他」のなかから尋ねた。今回の調査ではその人数の合計が29名なので、調査データとして十分な数になっていない可能性があるが、「納得していなかったから」と答える比率が1988年では68.4%、2019年では55.1%とやはり一番高い。

(5) 校則の指導
① 校則指導の有無

「あなたの学校では、学年集会、ホームルームなどであるいは個人的に、教師から生徒に対して校則の理解をはかるような指導がありましたか」という問いに対して、「あった」という回答は1988年の56.5%から2019年の77.7%へと上昇している (表3-5)。以前に比較して、校則の内容理解の周知徹底が図られているといえる。周知させる機会ももたずにただ「遵守」を呼びかけるのではなく、内容およびその理解を深めることが行われるようになっているといえる。

表3-5　校則指導の有無

	1988年	2019年
1．あった	56.5%	77.7%
2．なかった	43.5%	21.5%
9．無答・不明	0.0%	0.8%

出所) 筆者作成。

表 3 - 6　校則指導における教師の一貫性

	1988年	2019年
1．一貫していた	27.5%	36.6%
2．時には違うこともあった	52.0%	52.2%
3．全くばらばらだった	14.7	7.2%
9．無答・不明	5.9	12.3%

出所）筆者作成。

② 校則指導における教師の一貫性

　「校則の理解をはかるような指導は、教師を問わず一貫していましたか」という質問に、「1．一貫していた」「2．時には違うこともあった」「3．全くばらばらだった」「9．不明」できくと、「一貫していた」が上昇し、2はほぼ変わらず、「全くばらばら」は14.7％から7.2％と低下している（表3-6）。30年のあいだに教師の指導の一貫性が問われることが多くなった結果かと考えられる。「時には違うこともあった」が両調査とも約半分を占めているのは、指導方針の共有ができる十分な時間がないこと、教師にとっても時には校則の内容理解が不十分であること、などが考えられる。学校として行う生徒指導において、どこからが校則違反にあたるのかはある程度の統一性が求められる。こうしたことが生じる理由としては、そもそも校則の文言の意味内容があいまいであり、解釈の余地が大きいこと（例えば、「華美なものは避ける」「高校生らしい」と校則にあった場合、どこまでが「華美なもの」「高校生らしい」なのか）、および内容について教師・生徒間の理解の統一を図る機会が十分でないことも考えられる。

（6）校則の検査

① 校則検査の度合い

　2019年では、1988年に比べて「ひんぱんにあった」という回答が減少し、「全くなかった」は増加している（表3-7）。この30年間のあいだに校則を生活指導基準として「校則を守っている、守っていない」についての検査は、減少していることがうかがわれる。

② 校則検査の内容

　①で「ひんぱんにあった」「時々あった」と答えた人に、その内容を尋ねた（図3-2）。全体として検査される内容として意識されている項目の数は減少している。1988年調査で回答の多いものは、2019年でも多い。2019年に唯一数字

表 3 - 7　校則検査の度合い

	1988年	2019年
1．ひんぱんにあった	34.5%	17.8%
2．時々あった	53.6%	48.3%
3．あまりなかった	10.7%	24.0%
4．全くなかった	1.2%	10.0%
9．無答・不明	0.0%	0.0%

出所）筆者作成。

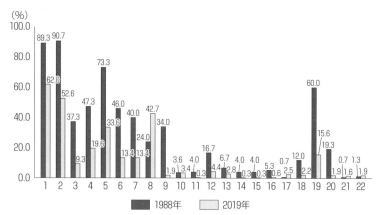

1．頭髪　2．髪型　3．持ち物　4．靴・ストッキング　5．靴下　6．名札　7．ヘアピン
8．リップ　9．生徒手帳　10．アルバイト　11．外出時間　12．登下校　13．通学路
14．外出時の服装　15．野外活動　16．交友　17．金銭　18．礼儀　19．遅刻　20．掃除
21．部活動　22．その他

図 3 - 2　校則検査の内容

出所）筆者作成。

が上昇しているのは、校則の内容のところでも同じ「リップ」である。1988年
では項目にあがっていないが、2019年ではその他として「スマートフォン」
「携帯電話」「化粧」「ピアス」「つめ」などの回答があった。時代の変化をあら
わしているといえよう。

③ 校則検査における教師の一貫性

　校則検査における教師の一貫性は、「一貫していた」とする比率が上昇して
いる（表3-8）。検査にあたっては、教師による対応の違いが避けられるよう
になってきているといえる。ただし、非好意的に解釈すれば、例えばうまれつ

表3-8　校則検査における教師の一貫性

	1988年	2019年
1．一貫していた	16.4%	40.2%
2．時には違うこともあった	54.6%	49.6%
3．全くばらばらだった	27.9%	8.1%
9．無答・不明	2.0%	15.0%

出所）筆者作成。

き茶髪の生徒にも「校則」が「機械的に運用されている」結果ともとれる。

④ 校則検査後の措置

「校則検査後の処置について、あったことは」を「1．よく守っていた生徒は賞状をもらうなど特にほめられた」「2．校則を理解させる指導があった」「3．違反していたものを没収された」「4．一定期間たってから再検査された」「5．ゲンコツやビンタなどの体罰を受けた」「6．掃除などの罰当番をさせられた」「7．反省文を書かされた」「8．親に通知されたり、親が学校に呼ばれたりした」「9．通常の授業をうけさせず、別のことをさせられた」「10．髪やスカートを切られた」「11．その他」「12．何もなかった」で尋ねた。

「2．校則を理解させる指導があった」「3．違反していたものを没収された」「4．一定期間たってから再検査された」という回答が多いことは、ここ30年間にかわっていない。「7．反省文を書かされた」と回答する割合が相対的に上昇している。1988年調査をみると、かつては、「ゲンコツやビンタ」(32.0%)「髪やスカートを切られる」(28.7%)という対応がなされていたことがわかるが[3]、2019年ではゼロである。それはいうまでもなく、暴行、傷害、器物損壊罪にとわれかねないことである。かつては事実上黙認されていたことがあったとはいえ、法令遵守や体罰禁止が周知された影響である。

（7）校則の効果

校則があったことが自分にとってプラスに作用した面を「1．社会の規則を守る態度が養われた」「2．規則正しい生活ができるようになった」「3．協調性が養われた」「4．忍耐力が養われた」「5．基本的生活習慣がみについた」「6．その他」「7．特にない」と2019年調査も1988年調査と同様に尋ねた。「特にない」が58.9%、42.2%と両調査の多数を占めている。一方で「社会の規則を守る態度が養われた」という回答は18.5%から33.0%へと上昇している。

「校則」には社会のルールとしての一定の意義があるわけであり、そのプラス面が意識される方向にあるとはいえる。もっとも「社会における規則」の「プラス面」を意識する回答の比率はまだまだ低いともいえる。また、「社会の規則を守る態度」とは、「理不尽な規則を守るのも社会」というように受け取られている可能性もないわけではない。まだまだ、今後の課題は残っているといえよう。

（8）校則の弊害

　校則があったことが自分にとってマイナスに作用した面を「１．創造力が養われなかった」「２．自主性が養われなかった」「３．個性が伸びなかった」「４．表裏を使い分ける人間になった」「５．要領よくなった（ずるがしこくなった）」「６．消極的な性格が身についた」「７．多面的な見方が養われなかった」「８．反抗的になった」「９．あきらめの早い人間になった」「10．その他」「11．特にない」と2019年調査も1988年調査と同様に尋ねた。「特にない」が1988年は16.4％であったのが、2019年は35.0％であった。1988年調査では校則にある特定の容儀を強要して個性を発揮できなくさせる、ルールに盲目的に従う、表裏を使い分ける、などの消極的な面をこたえる回答率がずっと高かった。弊害を意識する比率が下がっているのは、「校則の見直し」がすすんだ結果ともいえる。

おわりに

　1988年の「校則の見直し」がはじまる前と2019年を比較した。校則を「納得できるものであった」と考える割合は上昇している。校則に個性をなくす、表裏を使い分けさせる、などの弊害が感じられることが減少していることがわかる。30年の間に校則が「生徒が納得できるものに」といった文部（科学）省の方針はある程度は実現されていることを今回の調査は他にもさまざまな形で示している。[4]しかし、未だ問題は残されたままであることもわかる。校則作成・修正の際に「生徒の意見を聴取する」比率はほぼかわっていないという問題は大きい。

　同じく、最近大学生を対象に調査を行っている宮下与兵衛は、「多くの学生が学校の校則や授業などを『変えて欲しい』という改善要望をもっていたが、『要望を学校から聞かれたことはない』し、『変わるものだと思ったことはな

い』という学生が大半である」と述べている。宮下は「自治的体験の欠如」を問題としているが、校則という学校自治のルールに関して、自分たちのルールを自分たちで考えてつくる機会が十分保障されていないという現実がある。18歳選挙権が導入されているなか、民主主義の担い手を育成するという面で不十分な点があるといえよう。

　この30年のあいだに生じたこととして、1994年「子どもの権利条約」の批准がある。いうまでもなくその第12条に意見表明権の規定があり、第42条には締約国の条約広報周知義務が書かれている。子どもの権利条約の存在を意識している子どもはどの程度いるのか、その点も問題として残っている。

注

1）　なお、校則の世代間比較を行う調査として、荻上チキ・岡田有真らによるものがある。同調査では、2018年2月に中学・高校での校則体験の調査「髪の毛の長さが決められている」「スカートの長さが決められている」などの項目を立てて行い、10代、20代、30代、40代、50代とわけて集計している。それによれば、「長さが決められている」と答えたのは、「髪の毛」では10代で16.5%、20代で13.1%、30代で9.5%、40代で10.0%、50代で12.7%であり、「スカート」では10代で48.1%、20代で32.1%、30代で27.5%、40代で25.6%、50代で30.5%である。他にも、「チャイムの前に着席をする」は10代26.6%に対して50代は10.8%、とある。同書は、10代と50代では校則体験の記憶の度合いが違うことを全く考慮しないで「現代のほうが厳しくなっている校則が多くある」と評価しているが、一定の留保が必要かと思われる。荻上チキ・内田良編著『ブラック校則』東洋館出版、2018年、14-31頁、特に22頁（荻上チキ・内田良執筆）。

2）　加治佐哲也ほか「中学校・高等学校の校則に関する調査」（『宮崎女子短期大学紀要』第15号、1989年、119-143頁。

3）　なお、秦政春による1986年、1987年調査においても同様の結果がみられる。秦政春「校則と子ども」『日本教育経営学会紀要』第33号、1991年、21-30頁。

4）　荻上チキ・内田良は、「細かな制限はむしろ強まってきていることがわかりました」と述べている（荻上・内田、前掲書、252頁）が、いつと比べて「強まっている」といえるのかが文章からは不明である。また、調査自体に既に注1）で述べたような問題があるなど、実証に成功しているとは必ずしもいえない。

5）　宮下与兵衛「日本の若者の主権者意識と主権者教育の課題」（『学校教育研究』第34号、2019年、37-51頁、特に40頁。

6）　同上、41頁。

7）　大津尚志「フランスにおける生徒の権利と学校・社会・政治参加」、勝野正章ほか編『校則、授業を変える生徒たち』同時代社、2021年、189-212頁。

第4章

校則裁判の判例動向

1　総　説

　校則を正面から問題とする「校則裁判」は、これまで**表4-1**のように起こされている。訴訟の請求に関しては、校則そのものを違憲・違法であるとし、無効確認を争うものと、校則によって生じた不利益に対して損害賠償を請求するものにわけられる。不利益とは懲戒や懲戒処分をうけた場合、精神的苦痛をうけた場合に対してがある。

　中学の場合、懲戒処分を下すことができるのは訓告処分のみである（国立、私立中学は退学処分もありえる）。訓告処分を直接の理由に裁判になった事例は今のところない。高校の場合は停学、退学処分、および法的処分ではないが自主退学勧告措置、家庭謹慎措置がだされたことにかかわって精神的苦痛をうけたとして争われたケースはある。

2　校則裁判における論点

（1）校則そのものの問題について

　校則そのものの無効確認を争ったケースについて整理する。

ア　校則の無効確認について

　①で、原告が争ったこととしてはまず、「校則の無効確認」があったが、裁判の時点で原告が中学を卒業していたことから、「原告適格あるいは訴の利益を有しない」として却下された。ただし、損害賠償請求については訴えの適格性は認められた。

　④（最高裁）においては、校則の定めは、「生徒の守るべき一般的な心得を示すにとどまり、それ以上に、個々の生徒に対する具体的な権利義務を形成するなどの法的効果を生ずるものではないとした原審の判断は、首肯するに足る」として、やはり訴えを却下している。それに対して、「服装・髪型などか

表4-1 「校則裁判」一覧

事件名	判決	争われた校則	請求	結論
① 熊本丸刈り事件（公立）	熊本地判昭60・11・13判時1174-48	中：丸刈り校則	校則無効確認 損害賠償請求	却下 請求棄却
② 京都標準服事件（公立）	京都地判昭61・7・10判例地方自治31-50	中：標準服校則等	校則無効確認 標準服着用義務不存在確認	却下
③ 千葉制服事件（公立）	千葉地判平1・3・13判時1331-63 東京高判平1・7・19判時1331-61 最判平3・9・3判例集未登載	中：制服校則	損害賠償請求	請求棄却
④ 兵庫丸刈り事件（公立）	神戸地判平6・4・27判タ868-159 大阪高判平6・11・29判例集未登載 最一判平8・2・22判時1560-72	中：丸刈り校則	校則無効確認	却下 控訴棄却 上告棄却
⑤ 千葉バイク退学事件（私立）	千葉地判昭62・10・30判時1266-81 東京高判平1・3・1判例集未登載 最三判平3・9・3判時1401-56	高：バイク三ない校則	損害賠償請求	請求棄却
⑥ 高知バイク事件（公立）	高知地判昭63・6・6判時1295-50 高松高判平2・2・19判時1362-44	高：バイク三ない校則	損害賠償請求	請求棄却
⑦ 修徳高バイク退学事件（私立）	東京地判平3・5・27判時1387-25 東京高判平4・3・19判時1417-40	高：バイク三ない校則	損害賠償請求	請求一部認容(108万円)
⑧ 修徳高パーマ退学事件（私立）	東京地判平3・6・21判時1388-3 東京高判平4・10・30判時1443-30 最一判平8・7・18判時1599-53	高：パーマ禁止校則、運転免許取得禁止校則	卒業認定請求 損害賠償請求	請求棄却 控訴棄却 上告棄却
⑨ 大阪喫煙退学事件（私立）	大阪地判平3・6・28判時1406-60	高：喫煙処罰校則等	退学処分無効確認	請求棄却
⑩ 生駒市立中学染色事件（公立）	大阪地判平23・3・28判時2143-105 大阪高判平23・10・18季教177-56	中：校則違反に対する染髪行為	損害賠償請求	請求棄却 控訴棄却
⑪ 大阪府立高校染色事件（公立）	大阪地判令3・2・16判例集未登載（控訴審：係争中）	高：染髪の指導	損害賠償請求	請求一部認容

出所）市川須美子『学校教育裁判と教育法』（三省堂、2007年、144頁）をもとに筆者作成。

なり具体的な規律を行っている校則について、法的な制裁がないからといって、処分性を否定するのは疑問である」[1]という学説もだされている。

その後のケースでは、校則そのものの無効を主張することは、生徒の卒業で「訴えの利益が消滅してしまうこと」（①では、当該中学に入学を予定していることが弟がいることも主張したが、それは「法律上の利益とはいえず」と退けられた。また、④の地裁判決では「入学予定」の時点では訴えは不適法とされた）から、校則そのものの無

効を主張することは行われなくなっている。

　イ　校則の制定権について

　校則の制定権および、制定が認められる範囲については、法令上に明文の規定はない。①では「中学校長は、教育の実現のため、生徒を規律する校則を定める包括的な権能を有するが、教育は人格の完成をめざす（教育基本法第一条）ものであるから、右校則の中には、教科の学習に関するものだけでなく、生徒の服装等いわば生徒のしつけに関するものも含まれる。もつとも、中学校長の有する右権能は無制限なものではありえず、中学校における教育に関連し、かつ、その内容が社会通念に照らして合理的と認められる範囲においてのみ是認されるものである」と述べた。続いて、同判決では「中学校長は、教育の実現のため、生徒を規律する校則を定める包括的な権能を有する」として校長の「校則」制定権を認めた。その後、判決は「教育は人格の完成を目指す（教育基本法第一条）ものであるから、右校則の中には、教科の学習に関するものだけでなく、生徒の服装等いわば生徒のしつけに関するものも含まれる」と述べ、「中学校における教育に関連し、かつ、その内容が社会通念に照らして合理的と認められる範囲において是認される」と述べ、「教育上の措置に関するものであるだけに、必ずしも画一的に決することはできず、実際に教育を担当する者、最終的には中学校長の専門的、技術的な判断に委ねられるべきものである。従つて、生徒の服装等について規律する校則が中学校における教育に関連して定められたもの、すなわち、教育を目的として定められたものである場合には、その内容が著しく不合理でない限り、右校則は違法とはならないというべきである」とした。

　③（判決）は「学校長が、……教育的観点からする教育上ないし指導上の指針あるいはあるべき行動の基準等について生徒心得等を定めてこれを明らかにすることは、それが社会の通年に照らして著しく合理性を欠くなど不適当、不適切なものでない限り、何ら違法ではなく」と①とほぼ同旨のことを述べている。

　通常校則とよばれるものに法的な根拠はないが、校長に制定権があること、制定範囲には教育目的であることが求められ、「著しく不合理でない」限りは裁量権の範囲内とされる。裁量権の逸脱を論ずる場合に、「著しく不合理でない」限り、裁判所は学校教育の専門家である校長の裁量を尊重するという姿勢がうかがわれる。しかし、校則の内容が人権の制約にいたるような場合に、

「不合理」が著しい程度に達するまでは生徒は我慢すべきなのかという疑問はある。

　近年になって、⑪では「その内容が社会通念に照らして合理的なものである場合には、裁量の範囲内のものとして違法とはいえないと解するのが相当である」と「著しい」の語句を外している。いずれにせよ、それでは「社会の少数派は社会通念に従うべき」ということになりかねない。人権の保障にまでかかわりうる規則の審査基準としては問題があろう。

（2）制服・標準服について

　制服・標準服は名称の違いはあるものの、校則で規定されている場合がある。②では、生徒心得に規定のある「標準服を着用しなくてもよいことの確認」を求めて出訴されたが、「標準服着用義務は、その義務自体が直接に強制されるような義務ではない」として訴えを却下している。③では、制服を購入した保護者が制服購入のために要した費用の損害賠償請求を行ったケースである。事実認定の段階で、「学校当局の強制で制服を購入させられたとか、校長から購入を強いられたとか、校長がAの制服着用をXに強制したものとはいえない」として訴えは棄却された。本ケースでは「仮に制服を着用しない生徒があっても、これを着用することが望ましい旨指導することはあるが、制裁的な処置をとることはなされていない」と述べられている。

　制服・標準服に関しては「着用義務」「購入義務」はないことから、裁判によって実質的に争うことができていない。服装の規制は、髪型規制に比べて帰宅後に着脱の自由があることから、問題はより小さいとはいえる。制服の購入費については、中学・高校在学中に成長によって買い替える必要が生じ、「どこまでが制服か」が必ずしも明白とはいえず、それが他の学校指定品にまで及ぶので、就学援助（生活保護法・就学困難な児童及び生徒に係る就学奨励についての国の援助に関する法律に基づく）の対象にすべておさまらないのではないか、という問題は発生する。

（3）丸刈りについて

　①の丸刈り校則についての判断としては、以下のようなものである。

　　本件校則は、生徒の生活指導の一つとして、生徒の非行化を防止するこ

と、中学生らしさを保たせ周囲の人々との人間関係を円滑にすること、質実剛健の気風を養うこと、清潔さを保たせること、スポーツをするうえでの便宜をはかること等の目的の他、髪の手入れに時間をかけ遅刻する、授業中に櫛を使い授業に集中しなくなる、帽子をかぶらなくなる、自転車通学に必要なヘルメットを着用しなくなる、あるいは、整髪科等の使用によって教室内に異臭が漂うようになるといつた弊害を除却することを目的として制定されたものであることが認められ、右認定に反する証拠はない。してみると、被告校長は、本件校則を教育目的で制定したものと認めうる。

（中略）

　本件校則には、本件校則に従わない場合の措置については何らの定めもなく、かつ、被告校長らは本件校則の運用にあたり、身体的欠陥等があって長髪を許可する必要があると認められる者に対してはこれを許可し、それ以外の者が違反した場合は、校則を守るよう繰り返し指導し、あくまでも指導に応じない場合は懲戒処分として訓告の措置をとることとしており、たとえ指導に従わなかつたとしてもバリカン等で強制的に丸刈にしてしまうとか、内申書の記載や学級委員の任命留保あるいはクラブ活動参加の制限といつた措置を予定していないこと、被告中学の教職員会議においても男子丸刈を維持していくことが確認されていることが認められ、他に右認定に反する証拠はなく、又、〈証拠〉によれば現に唯一人の校則違反者である原告Ｘに対しても処分はもとより直接の指導すら行われていないことが認められる。右に認定した丸刈の社会的許容性や本件校則の運用に照らすと、丸刈を定めた本件校則の内容が著しく不合理であると断定することはできないというべきである。

　以上のように原告の訴えを退けた。この件では、原告は憲法問題としては、男子に許容される髪の長さが女子と異なるのが14条（平等原則）違反、法定手続きを保障する31条違反、思想の表明でもあることから21条違反を主張し、いずれも退けられた。学説では憲法13条の幸福追求権から導かれる自己決定権の範囲内であることを主張すべきであったという見解がだされている。[2] 自己決定権の範囲がどこまでかは学説の一致をみないが、髪型、服装、バイクといったライフスタイルの自由は、憲法上の自己決定権の範囲内とする学説はある。[3] 自己決定権の範囲内は人格的自由説（狭くとる）と一般的利益説（広くとる）があ

る。憲法上の権利であるとすれば、制限を行う場合には厳格に審査されること
となる。

　④の事件において地裁判決は、原告適格を問題にして判断に立ち入らなかっ
た。高裁判決さらに最高裁判決は丸刈り校則などの定めは「生徒の守るべき一
般的な心得を示すにとどまり、それ以上に、個々の生徒に対する具体的な権利
義務を形成するなどの法的効果を生ずるものではないとした原審の判断は、首
肯するに足りる」と述べて、訴えを退けている。こちらも、実質的な判断にい
たるまえに訴えが不適法とされている。

（4）パーマについて

　パーマに関しては私立高校である⑧（最高裁判決）において、「私立学校は、
建学の精神に基づく独自の伝統ないし校風と教育方針によって教育活動を行う
ことを目的とし、生徒もそのような教育を受けることを希望して入学するもの
である。……修徳高校は、清潔かつ質素で流行を追うことなく華美に流されな
い態度を保持することを教育方針とし、それを具体化するものの一つとして校
則を定めている、パーマをかけることを禁止しているのも、高校生にふさわし
い髪型を維持し、非行を防止するためである」とあり、独自の校風を設定する
自由を最高裁判決も認めている。確かに私立高校には例えば保守的な校風を設
定する自由はあるといえる。生徒が自ら選択して入学する私立学校の場合、あ
る程度の独自の教育方針をたてる自由があると考えられる。しかし、私立高校
の教育方針の範囲内はどこまでかという問題は残っている。[4] また、生徒が入学
前に知っていたとしても、無制限な規制ができるわけではない。例えば、私立
学校が建学の精神から行う宗教教育であれば、私立学校がある特定の宗教に基
づいた教育を行う自由があることは法令上も認められていることである以上、
問題ないであろう。しかし、校則の実施であればそうとは限らない。本件最高
裁判決は三菱樹脂事件判決を引用し、憲法判断をするまでもなく、本件の校則
を「社会通念上不合理なものではない」、民法90条違反でないと原告の主張を
退けている。しかし、三菱樹脂という私企業とは異なり、私立学校は補助金の
支出をうけており、「公の性質」という位置づけを法的に得ている（教育基本法
により）私立学校を純然たる私的団体と同様にみなすことには問題があろう。
人権の「私人間適用」が私立学校にどの程度適用されるかという問題はのこさ
れたままである。そもそも本件の場合はパーマを禁止することが「非行を防止

する」ことにつながるとするが、それらに合理的連関があるかという疑問はある。

　次に述べるバイクの問題も同様に、校則による「非行防止」が問題とされていた時代に発生した事案である。

（5）バイクについて

　バイクに関しては、1987年から1992年にかけて、3件の事件が争われた。時代背景としては、1970年ころから高校生のバイク事故増加が問題となった。島根、愛知を皮切りにバイクの「免許を取らない、乗らない、買わない」の「三ない運動」が全国に広がっていった。1981年ころに「暴走族」に対するマスコミの報道がピークに達した。高校生の年齢の若者による交通違反、事故の多さも問題となっていた。「三ない運動」は多くの県に広まり、1982年8月25日に全国高等学校 PTA 連合会が三ない運動推進決議を行った。

　一、高校生のオートバイおよびバイクの免許取得ならびに運転について、全面禁止する。

　二、オートバイおよびバイクを特別な理由があって運転する場合に限り、保護者の申請により学校長が PTA 会長と協議の上許可する。

　三、交通安全教育上の観点から、高校生に限らず一般人を含めて50cc 以下のバイク運転許可についても、普通免許取得と同様な安全教育および実技講習を受けた者に発行するよう関係機関に要望する。

　四、50cc 以下のバイクの安全性とスピード制限について、より一層の努力を各メーカーに要望する。

　　　以上のような対策を進めてもなおかつ事故の減少をみない場合には、免許取得年齢の18歳引き上げに向けて運動を展開する[5]。

　全国高等学校 PTA 連合会が三、四のような要望を出すこと、運動を展開するのは自由である。同団体に一、二のように免許取得を禁止する権限がないことは、いうまでもない。特に「免許をとらない」に関しては、法律上16歳で免許取得が認められるにもかかわらず、校則でそれを制限することができるのか、という問題がある。「乗らない」も通学上はともかく、学校外での乗車（家業の手伝いなど）について制限できるかという問題がある。

　⑤は私立高校で、「自主退学勧告」を受けて退学した生徒、⑥は公立高校で

校則で禁止されている免許を取得して「謹慎措置」をうけた生徒が、⑦は私立
高校で退学処分をうけた生徒がいずれも損害賠償を請求した事例である。

⑤は、指導方針として免許をとらない、乗らない、買わないの「三ない原
則」を定めている私立高校の生徒がバイク免許を取得し購入していた。他の生
徒にバイクを貸し、さらに転貸した生徒が事故をおこしたゆえに、学校側の知
ることとなり、自主退学勧告をうけた。「三ない原則」の違憲・違法性をも主
張して損害賠償を求めて提訴したケースである。

地裁判決は「三ない原則自体社会通念上不合理なものとは言えず」と述べて、
原告の請求を棄却した。確かに、「三ない原則」が当時の社会に支持を集めて
いたとはいえる。しかし、「社会通念上」という審査基準で判断されるという
ことは、社会の少数派は多数派に従うことになるという問題が生じる。

⑥は、校則に「免許試験を受けるには学校の許可を得ることを要する。学校
の定める地域外の生徒には受験を許可しない」とある高校で、地域外に居住し
ていた生徒が免許を取得し、無期家庭謹慎措置（停学処分であったと原告は主張
しているが、判決ではそう認定している）をうけた生徒が損害賠償を求めて出訴した。

地裁判決では以下のように原告の訴えを退けた。

> 本件校則については、生徒手帳の記載、文書の交付、父兄との懇談会で
> の説明等の方法により、生徒および保護者に周知徹底を図っているが、こ
> れに異論を唱える保護者はほとんどなく……本件校則の趣旨、目的は……
> 生徒の生命身体の安全を確保し、非行及びその広域化を防止し、学業に専
> 念させて生徒の本分を尽くさせることにあると考えられる。……免許取得
> を一律禁止するものではなく地域指定による許可制であり、しかもPTA
> 関係団体の決議や生徒指導主事連絡協議会の申し合わせに立脚した高知県
> 下の他校とも歩調を合わせたものであることが明らかである。……本件校
> 則は、校長の教育的・専門的見地からの裁量の範囲を逸脱した著しく不合
> 理なものとはいえず、……学校の設置目的と合理的関連性を有するものと
> いわざるをえない。

「学業に専念させる」というのは、高校生は学業以外のことを一切してはい
けないという意味ではない。休日には基本的に学校に介入されることなく自由
に行動してよいはずである。「一律禁止ではない」というのは、地域の指定を
しているのはおそらく遠距離通学の生徒に配慮したものと思われるが、当該生

徒にとって転居しない限り「一律禁止」されていることにかわりはない。例えば、「家業の手伝い」のためにバイクが必要な生徒もありうることを考慮していない。判決はPTA関係団体の決議にも言及しているが、それに全員が従う義務はもちろんない。「世論の多数派の支持を受けている」という理由ゆえ、免許を取得したいという少数派が免許を取得する自由を簡単に制限できるというのは、特に公立学校における事案である本件の場合、問題であろう。

　同高裁判決では控訴は棄却されたが、「憲法一三条が保障する国民の私生活における自由の一つとして、何人も原付免許取得をみだりに制限禁止されないというべきである」と述べている。原付免許取得が憲法13条の保障する権利（自己決定権）の一つとなりうることを認めてはいる。一方で、地域制限による免許許可制は「社会通念上是認できないほど、生徒の自己決定権もしくは一般的自由に対する不合理な制限であるとはいえない」と述べる。16歳以上の国民に原付免許の取得が法律上認められていることに関しては、「高等学校程度の教育を受ける過程にある生徒に対する懲戒処分の一環として、生徒の原付免許取得の自由が制限禁止されても、その自由の制約と学校の設置目的との間に、合理的な関連性があると認められる限り、この制約は憲法一三条に違反するものでないと解すべきである」として、校則による法律をこえた制約を是認した。道路交通法は「交通の円滑性と安全性を保持するため」、本件校則は「生徒の教育のため」であり、「規制の趣旨目的を異にしている」と説示した。本件校則が「教育のため」になると断定できるのかは、定かではない。バイクに熱中して学業をおろそかにしてはならないという意味から、バイクの免許取得禁止が導かれるかという疑問がある。生徒の生命身体の安全を確保するためであれば、交通安全教育など別の方法もある。

　そもそも、学校外の乗車の問題は親の責任である。子どもの権利条約第5条、第18条に「父母……法定保護者又は児童について法的に責任を有する他の者がその児童の発達しつつある能力に適合する方法で適当な指示及び指導を与える責任、権利及び義務を尊重する」、「児童の養育及び発達について父母が共同の責任を有するという原則についての認識を確保するために最善の努力を払う」という規定がある。バイクについて、校内での駐輪場の確保の問題から通学距離等を考慮してバイク通学を許可制とすることはありうる。免許一律禁止を学校の問題とするのはいきすぎであろう。

　⑦では、「生活指導規定」に「自動車類（原付・自動二輪・普通）免許の取得は、

如何なる理由でもこれを認めない。ただし、高校三年三学期卒業考査以降なら
ば、普通免許に限り、学校に届出の後、教習所での受講を認める。就職希望者
で免許の必要な場合は別途考慮する。免許を取得した者は、学校に届出のうえ、
登録しなければならない。この規定に違反し、無届での免許取得または乗車が
発覚した場合は、理由の如何を問わず退学勧告をする」とあり、生徒が自主退
学勧告をうけてそれに応じず、退学処分をうけたというケースである。「今回
初めて処分の対象となった原告について、直ちに改善の見込みがないものとし
て、学外に排除することが教育上やむをえない措置であったものとは考えがた
い」と、損害賠償請求を一部認めたのが、現時点で唯一の生徒側の勝訴例であ
る。判例は退学処分に関しては、きびしい要件を要求している。

　なお、1990年代からは、免許条件付き許可、解禁の学校が増えていく[6]。全国
高等学校PTA連合会も1997年には「地域の実態・学校の事情等から二輪車の
安全運転に関する効果的な指導のあり方について検討」すると述べるようにな
り、2007年にはさらに「地域の実情や学校の実態に応じながら柔軟に対応す
る」と「三ない校則」へのトーンダウンがみられる[7]。事故数の減少や、非行
（暴走族など）の問題がかつてほどではなくなっていることが一因であろう。

　教育委員会としても、例えば埼玉県では2019年4月より「免許は保護者の同
意」のもとでとるものと、指導方針を変えている。実際に高校生のバイク事故
数が大幅に減少していることをうけてである[8]。

（6）喫煙について

　⑨では、私立高校で喫煙行為が三度に及んだために退学処分となったケース
である。このケースでは「生徒心得」に「謹慎処分となる」場合として「飲酒
喫煙及び予備行為」とあり、「謹慎処分を2回以上受けた者は退学させること
ができる」とあった。生徒心得に従えば退学処分となることはありうるケース
であり、裁量権の逸脱はないと判断された。第5章でも述べるように、生徒心
得に懲戒に関する明文の規定はないことが多いという問題は残っている。

（7）頭髪の染色について

　新たな「校則裁判」の論点として、頭髪の染色にかかわる問題が浮上してき
た。上記⑩では、公立中学校の「生徒心得」において、「中学校生徒として恥
ずかしくない、きっちりとした服装をする」「極端な段カットやカール、パー

マ、染色脱色等はしない」「中学生らしい身だしなみをする」などと規定され
ていた。生徒心得・服装規定に基づいて頭髪や服装にかかわる指導を行ってい
た。頭髪を脱色・染色する生徒に対しては指導の対象として、時には「規則に
従わない生徒に対しては、教員が中学校内で染髪行為を行うこともあった」。
校内における染髪行為の実施に関する明文規定は存在していなかった。頭髪の
色調が変化していることを指摘された生徒Xは黒色に戻してくるように複数
回指導された。Xはそれに従わなかった。教諭が中学校の保健室内で「染髪
行為」に及んだ。原告は、染色行為は「体罰」にあたるなどとして損害賠償等
をもとめて出訴した。判決は以下のとおりである。

> 　頭髪を脱色・染色したり、化粧やピアスをしたり、服装の乱れが目立つ
> 生徒に対しては、これらの乱れが生徒の問題行動に発展する可能性がある
> ……これらの生徒指導の目的は、学校教育法等の趣旨に照らしても、もと
> より正当なものである。……本件染髪行為の当日、本件染髪行為が実施さ
> れることを認識しながら、自ら○○学級の教室や保健室を訪れた。……本
> 件染髪行為の間も、特に抵抗することはなかったし、途中で同級生と会話
> するなど、本件染髪行為を拒絶するような行動をとった形跡もない。これ
> らの事実に照らすならば、原告Xは、本件染髪行為に同意し、これを受
> け入れていたと認められる……本件染髪行為は、そのような状況の下で、
> しかも、原告X（当時14歳）の任意の承諾の下で実施されたものである。
> その方法・態様や、継続時間を見ても、社会的に相当と認められる範囲内
> のものであったというべきである……本件染髪行為は、教員の生徒に対す
> る有形力の行使ではあっても、教員が生徒に対して行うことが許される教
> 育的指導の範囲を逸脱したものとはいえず、学校教育法11条ただし書にい
> う体罰にも当たらない。

　本判決は控訴審でも支持された。「脱色・染色」行為が「非行につながる」
ことは立証されているのか、という疑問はある。本件は、任意によって染髪行
為が行われたという事実認定ゆえに、争う余地がなくなったといえる。ただし、
「任意の承諾」の下ではなく「染色行為」が行われた場合にはどうなるか、と
いう問題が残されている。
　⑪では、大阪府立高校に2015年に入学した生徒が幼少期から地毛が茶色であ
るのに、黒く染めることを繰り返し強要され、授業等への出席を禁止されたこ

とから不登校になったということが、報道されていた[9]。損害賠償を求めて出訴した。結論としては、原告の請求のうち33万円の賠償請求が認められた[10]。

　当該生徒が不登校になってから間もなく、生徒に代理人弁護士がつき、生徒の登校回復及び心身の健康回復を求める交渉が開始された[11]。交渉段階での学校側の説明としては、生徒の地毛の色は「地毛が茶色であると理解している」ということであったが、訴訟段階になってからは「地毛が黒色なのに茶色に染色等した」とそれ以外の面でも、「全く違う」ように主張を変えてきた[12]。いずれにせよ、判決においては高校の側が「合理的な根拠に基づいて、原告の頭髪の生来の色は黒色であると認識していたことが認められる」という事実認定が行われ、「生まれつきの色」を否定されたという問題ではなくなった。

　判決文は、校則の法的性質について以下のように述べる。少し長くなるが、最新の判例であるので引用する。

　　原告は、生徒が頭髪の色を含む髪型をどのようなものにするかを決定する自由は、憲法13条により保障される人格権ないし自己決定権に含まれるから、校則等で染髪を禁止することが正当化されるのは、当該校則が教育目的により制定され、当該頭髪規制をとらなければならない必要性、相当性が認められるなどの一定の場合に限られる旨主張する。

　　しかし、本件高校は、学校教育法上の高等学校として設立されたものであり法律上格別な規定がない場合であっても、その設置目的を達成するために必要な事項を校則等によって一方的に制定し、これによって生徒を規律する包括的権能を有しており、生徒においても、当該学校において教育を受ける限り、かかる規律に服することを義務付けられるものと認められる。そうすると、生徒が頭髪の色を含む髪型をどのようなものにするかを決定する自由についても、上記規律との関係に一定の制約を受けることになる。そして、このような包括的権能に基づき、具体的に生徒のいかなる行動についてどの範囲でどの程度の規制を加えるかは、各学校の理念、教育方針及び実情等によって自ずから異なるのであるから、本件高校には、校則等の制定について、上記の包括的権能に基づく裁量が認められ、校則等が学校教育に係る正当な目的のために定められたものであってその内容が社会通念に照らして合理的なものである場合には、裁量の範囲内のものとして違法とはいえないと解するのが相当である。

続いて、本件の校則の法的な位置づけについては、以下のように述べる。

　　本件高校は、……開校した平成21年4月の当時、問題行動に走る生徒が
　多く、その改善が求められていた状況にあったこと、本件高校は、頭髪や
　服装の乱れが生徒の問題行動に発展する可能性があることから頭髪や服装
　等に対する力を入れてきたこと、本件校則は、華美な頭髪、服装等を制限
　することで生徒に対して学習や運動等に注力させ、非行行動を防止すると
　いう目的から定められたものであること、本件校則における頭髪規制の内
　容は、特異な髪型やパーマ・染髪・脱色・エクステ等を禁止するものであ
　ることが認められる。

　　このような、本件高校の開校当時の状況や生徒指導の方針等からすれば、
　華美な頭髪、服装等を制限することで生徒に対して学習や運動に注力させ、
　非行行動を防止するという目的は、学校教育法等の目的に照らしても正当
　な教育目的であると言い得るし、一定の規範を定めてその枠内において生
　徒としての活動を推進させることにより、学習や運動等に注力させるとい
　う手法は一定の合理性を有すると言い得る。また、本件校則における頭髪
　規制の内容は、染髪、染色、脱色及び一部の特異な髪型を規定するにとど
　まるものであって、その制約は一定の範囲にとどまっている。そして、中
　学校以下の学校教育の場合とは異なり、生徒は自ら高等学校の定める規律
　に服することを前提として受験する学校を選択し、自己の教育を付託する
　のであるから、当該学校に在籍する期間に限って本件校則のような制約を
　生徒に課すとしても、その事が生徒に過度な負担を課すものとはいえず、
　それが社会通念に反するものとはいえない。

染髪の禁止規定は社会通念上問題ないと判断している。

　　一般的には、時代の変遷にともない茶髪に対する社会一般の認識に変化
　が生じているといった事情が認められるとしても、その事は、直ちに本件
　校則の目的の正当性、内容の合理性に対する判断を左右するものではない
　……。

　　染髪した髪を地毛の色に染め戻しても、色落ちした場合で、それが感化
　できないような状態にあると認められたときは、再度、地毛の色に染め戻
　すよう指導することとされていることは、本件校則の目的を達成するため

の指導方針として、社会通念上も合理性のあるものと認められる。

さらに、このケースにおける原告への校則の適用については、以下のように述べている。

> 本件高校の教員らは、中学校における頭髪指導の経過や本件高校における頭髪検査の結果等といった合理的な根拠に基づいて、原告の生来の色は黒色であると認識していたことが認められる。……本件高校の教員らが黒染めを強要したと評価することはできず、頭髪指導の目的、態様、方法、程度が本件高校の教員らの有する教育的指導における裁量の範囲を逸脱していたということはできない。

原告の生来の髪色は黒であり、黒染をするように指導した頻度も問題ないと判断された。

頭髪の自由は憲法13条の人格権、自己決定権に含まれるという原告側の主張は退けられた。これまでに、公立高校において争われた事例で、原告が侵害されたと主張する権利が「憲法上の権利」といえるかどうかについて判例としては、バイクの免許取得に関しては既に述べたように⑥の高裁判決では是認している。本件では、憲法上の権利というのは「原告の主張」であると述べるにとどめ、「法律上格別な規定がない場合であっても、その設置目的を達成するために必要な事項を校則等によって一方的に制定し、これによって生徒を規律する包括的権能を有しており」そして、「校則等が学校教育に係る正当な目的のために定められたものであってその内容が社会通念に照らして合理的なものである場合には、裁量の範囲内のものとして違法とはいえない」の述べるにとどまる。「学校教育という目的に係る」、および「社会通念に照らして合理的」という縛りのみをかければ足りると説示している。本件では「華美な頭髪、服装等を制限することで生徒に対して学習や運動等に注力させ、非行行動を防止する」という目的があると述べているが、染色することにより学習や運動に注力させられなくなるのか（果たして、染色の自由のある高校の生徒は学習に注力しないという結果とむすびつくのか）、非行防止につながるのか、それらの合理的な相関関係は証明されているのかという問題はある。少年非行の件数はここ10年で減少しているが、本件の時代において茶髪が非行につながるということに、合理的関連性があるかは定かではない。

　また、本件判決は茶髪に対する社会一般の認識に変化が生じているといった事情にふれているが、当該生徒の頭髪を「華美な頭髪」と認定できるかどうかも定かではない。

　本件は公立高校に関するケースであるが、「中学校以下の学校教育の場合とは異なり、生徒は自ら高等学校の定める規律に服することを前提として受験する学校を選択」したゆえに、規律にしたがうべきということがいわれたのは、校則裁判で初めてのケースである。

　自分で選択した高校である、あるいは自分でその事情を知っていた（と考えられる）ゆえにというのであれば、例えば「生まれつき茶髪の生徒も黒染すること」というルールがあったら、それに従う義務があるのか、となる。これまで、公立高等専門学校の事例であるが、入学すれば保健体育の授業のなかに剣道があることが周知されていたが、入学し、宗教上の理由から剣道の時間を見学したために原級留置となり、「代替措置が不可能というわけでもないのに、代替措置について何ら検討することもなく」2 年続けて原級留置となり、さらに退学処分としたことを「裁量権を超える違法なもの」とした判例がある（神戸高専事件[13]）。保健体育の授業に剣道を含むこと自体は問題ないはずであるが、こちらのケースでは「入学すれば剣道が必履修であることは事前にわかっていた。嫌ならほかの学校に行くべき」という論法は通らない。

　原告が進級したあとに、「3 年生の名列表に原告の氏名を記載せず、教室に席を置かなかった行為について」は、違法性をみとめ、慰謝料30万円および相当因果関係にある弁護士費用 3 万円、合計33万円の賠償請求が認められた。本件は控訴されて係争中である。

注

1 ）　市川須美子「校則裁判の論点」日本教育法学会編『教育法の現代的争点』法律文化社、2014年、330頁。なお、大島佳代子「わが国における校則訴訟と子どもの人権」『帝塚山法学』第 4 号、2000年、71-102頁、特に82頁。

2 ）　阿部泰隆「男子中学丸刈り校則」『法学教室』第65号、1986年、11-15頁。

3 ）　参照、米沢広一『憲法と教育15講（第四版）』北樹出版、2016年、36頁。

4 ）　佐藤修一郎「学校生活における生徒の自律と校則について」『白山法学』第14巻、2018年、43-68頁、特に59-60頁。

5 ）　坂本秀夫『バイク退学事件の研究』三一書房、1987年、49-50頁。

6 ）　『朝日新聞』1990年 7 月 7 日。

7 ）　http://www.miyazaki-koupren.jp/zenpren_003.html　2021年 3 月20日最終確認。

8 ）　『朝日新聞』2018年 9 月27日。

9 ）　朝日新聞（ネット版・2017年10月27日）（https://www.asahi.com/articles/ASKBS 6D22KBSPTIL024.html　2019年 9 月30日最終確認）など。

10）　判決に触れるものとして、小野田正利「注目された茶髪生徒の頭髪指導訴訟 (1)(2)(3)」『内外教育』第6895号、2021年、 4 - 5 頁、第6897号、2021年、 4 - 5 頁、第 6899号、2021年、 4 - 5 頁。

11）　林慶行「校則と生徒指導の本質について」『日本教育法学会年報』第49号、2020年、 50-58頁、特に53頁。

12）　同上。

13）　最高裁、平成 8 年 3 月 8 日（『判例時報』1564号 3 頁）。

第5章

大阪府内公立高校の校則

はじめに

第4章で述べたように、大阪府内で「黒染を強要された」という訴訟が提起されたがそれをうけて、大阪府教育委員会は2017年11月に「髪色の指導」について、すべての府立高校を対象とする調査を行う。[1] およそ、「8割が、地毛が黒くない生徒に対し、入学時に口頭や書類の提出などによって髪の色の申告を求めていた」[2]、「染色や脱色について、全日制137校のうち127校が校則や指導方針・内規のいずれかに禁止規定を設けていた。パーマなどの禁止規定は122校、『そり込み、モヒカンなど奇抜な髪形禁止』など髪形に関する禁止規定は64校にあった」[3] との調査結果がでる。

さらに、「校則などを全般的に点検するよう各校長に指示する方針」[4] を示した。2018年4月に、調査結果を公表している。[5] 全日制高校の39％が校則の改訂を行った。

大阪府では校則の改訂にあたっては、学校運営協議会（2018年よりすべての府立高校に設置されている）の意見をきくことが指示された。大阪府の「学校運営協議会の設置等に関する規則」により、学校運営協議会の委員は6名と定められており、（1）保護者、（2）地域住民、（3）学校の運営に資する活動を行う者、（4）学識経験者を少なくとも1名含むとされる。生徒が参加する協議会ではない。生徒の意見は別の方法で聴かれている可能性があるが、充分なものといえるかどうかという問題がある。[6]

2018年から、大阪府の公立高校は教育委員会の指導をうけて校則をホームページで公開しはじめている。それは、学校の「特色を受験生に知ってもらい、入学後の「ミスマッチ」を防ぐ狙い」[7] ともいわれている。受験生が知ることができるのは、校則の「文面」であり、運用の実態を知ることはできない、また公開されている校則以外に教員間の指導内規などを知ることはできないという問題はある。インターネット上では「校則の厳しさ、ゆるさ」の口コミが高校

ごとに書き込まれていることが多々ある。「厳しさ、ゆるさ」自体が問題とされることも多くなる。なお、同様に校則の公開を行っている自治体としては、岐阜県、東京都世田谷区がある。

なお、校則とは別に学則については、大阪府立学校の管理運営に関する規則（平成26年大阪府教育委員会規則第7号）第9条の規定がある[9]。そこでは、「校長は、教育委員会が定める学則準則に基づき、学則を定め、教育委員会に届け出なければならない」とある。学則準則とは、各学校がさだめる学則のひな形のようなものであり、それは同時に学校教育法施行規則第4条の学則に最低限含まれるべき規定をうけている。それは、以下のとおりである。

一　修業年限、学年、学期及び授業を行わない日（以下「休業日」という。）に関する事項

二　部科及び課程の組織に関する事項

三　教育課程及び授業日時数に関する事項

四　学習の評価及び課程修了の認定に関する事項

五　収容定員及び職員組織に関する事項

六　入学、退学、転学、休学及び卒業に関する事項

七　授業料、入学料その他の費用徴収に関する事項

八　賞罰に関する事項

九　寄宿舎に関する事項

堺上高校や長野高校のように、学則を生徒手帳に記載し、「学校のルール」すなわち校則の一部であるように扱っているところもある。学則において生活指導規準となりうることは、賞罰規定、懲戒処分（退学、停学など）をのぞいては、ほとんどない。

本章では、大阪府立高校（全日制）のうち、ホームページで校則が確認できた、97校を分析対象とする（最終確認は2019年11月から2021年2月の間である）。2019年11月の時点では、既に校則を掲載していない高校やリンク切れになっている高校も存在した。公表されているものであるから、学校名を含めて引用することは問題ないと考える。そもそも、校則、生徒心得など名称はさまざまであり、ホームページ上に掲載されているものは、生徒手帳の抜粋、生徒心得（抜粋）などとなっているところもある。どこまでが校則あるいは生徒心得の範囲内か、も自明ではなく、校則とされるものの分量も学校によってかなりの差異がある。

生徒会規則や部活動に関する規則を含めているところもある。山本高校のように生徒心得が「式典をはじめ公式行事の場等、学校の定める日には制服を着用する」など6カ条のみということもある。高津高校は「制服はありません」など5項目のみとし、「細かい規則は作らない、しかし決して放任ではない。世間の常識・マナー・モラルをわきまえ、周囲への配慮を怠らず、他者の人権を尊重し、自ら考えて行動できる力を養う生活指導に取り組んでいます」と方針を表明している。桜塚高校は、「校則はなし、必要に応じ生活指導を行う」としている。

　「校則」として公開されているもの以外に、学校内のルールがありうることは容易に推測できる。本章は、上記公開されているものをソースとして分析を試みる。

大阪府内公立高校の校則の分析

（1）一般原則について

　校則の最初に「総則」「前書き」がおかれている場合がある。例えば、「互いに個人としての人格を重んじ、相互に敬愛の念を持って接し、常に礼を失することのないよう心掛けること」（阿武野高校）、「学校生活を通して各自が責任の持てる行動と態度を身に付ける」（槻の木高校）、「自主独立の精神にあふれ、みだりに他人に依存しないこと」（東住吉高校）、「本校の生徒は、自主・創造・連帯の精神を校訓とし、常に秩序正しく、生気に満ちた学習活動を中心にして、心身ともに健全で明朗で均衡と信頼のあふれる校風をつくるよう努めたい」（狭山高校）のような規定がある。

　「日本国憲法の精神にのっとり、教育基本法及び、学校教育法に基づき、生徒の人格の形成をめざし、民主国家及び、社会の有為な形成者として自主的精神に充ちた心身ともに健康な国民の育成を期する」（渋谷高校）と憲法、教育基本法に言及しているものもある。

　「人格の完成をめざし、個人の尊厳と国家および社会の良き形成者を育成する」（堺上高校）というように、教育基本法を意識していると思われるものもある。「『流汗求道』この言葉は、八尾北高校の校訓であり教育目標である」と校訓からはじめているものも少数ながらある。

　高校への所属意識をうながすものがある。それは、日本的特徴といえるかも

しれない。例えば、「本校生徒としての誇りと品位を保ち、教養を高め、社会での自己の使命を自覚し、心身共に健全な個性の確立につとめる」(美原高校)、「常に本校生徒としての誇りをもち、品位を保つこと」(吹田高校)、「槻の木高校生として恥じない行動を取ること」(槻の木高校)、などである。「学校を愛そう。自分たちの学校をよくしようとつとめよう。本校の伝統づくりは、みなさんの力によるところが大きい。後輩達のために良き伝統と校風を築くことに努力しよう」(堺上高校)という愛校心や「学校の伝統」を強調するものもある。

（2）礼儀・交友関係の一般原則について

学校生活全体にかかわることとして、「言葉遣い」について、「粗野な言葉遣いや行動をつつしむ」(河南高校)などの規定をおくところは多い。「目上に対しては常に礼を尽し、敬意を持って接する。上級生に対しては、相応の礼を尽し下級生に対しては、友愛の念をもって接する」(布施工科高校)という、年齢による上下関係や「目上」に対する配慮を求めるものも多い。「先生・来客・友人に対し、場面にかなった礼儀作法を忘れぬこと。意を尽くした言葉づかいをし、高校生にふさわしくない話題や表現はつつしむこと」(信太高校)といった、周囲の人との礼節、礼儀の遵守を書いているところも多い。

交友関係に関しては、「うるわしい友情をはぐくみ」(狭山高校)などの規定がみられる。男女交際に関しては、「異性との交際においては、相互の特性を理解して、健全な交際をすること」(今宮高校)、「男女生徒の交際は明朗、清純に、相互の人格を尊重し、行動に責任をもつこと」(島本高校)などとある。「異性との交際は社会の誤解を招くことのないよう、必ず相互の保護者の了解のもとに行うこと」(門真西高校)という規則もあるが、高校生が交際をするのに保護者の了解は必要なのだろうかという疑問はある。家庭環境が複雑で、了解をとることが困難な生徒がいることもありうる。こういった規定があると、厳格に校則を守ることにするとさまざまな困難が生じる。

後述するように、近年の校則では性的少数者への配慮と考えられる規定も存在する[10]。性自認にかかわる（女子はスカート）ものはあるが、性的指向に関する規定は見つけられなかった。男女交際に関する規定はあっても、同性間の交際に関する規定は今のところ特に存在しない。

（3）服装・制服について

　制服については、多くの学校が、「常に清潔に保ち、清楚な着こなしに留意する」（りんくう翔南高校）などの規定をおいている。絵で制服を図示しているところも多い。

　制服という語句をつかわず、「標準服を着用することが望ましい」（東住吉高校）と定めている場合もある。私服登校をも認めるという運用がされる場合がある。「式典および対外的行事においては、必ず標準服を着用すること」（天王寺高校）という場合もある。「標準服以外の服装を着用する場合は、社会通念上通学服として適当なものを選び、華美にならないように心掛けるとともに高校生としての品位を保つようにつとめる。なお品位に欠けるものとして露出度の高い服装、サンダルなどの軽装は厳にこれを禁じる」（花園高校）と、私服登校の場合の規定をおく場合もある。標準服を定めたうえで、「勉学にふさわしい服装とは何かを自分で考え、選んで着なさい。始業式、遠足、卒業式などの行事の際にも、それぞれの場を考慮し、服装を選びなさい」（四条畷高校）、と自分で考えることを呼びかけている場合もある。

　「女子スラックスの着用も可とする」（懐風館高校）など、スカートとスラックスの選択を認めるところも多くなっている。性的少数者（トランスジェンダー）への配慮とみられる。一方で、「男女用の入れ替えは認めない」（大正白陵高校）という規定が存在するところもある。

　多くの学校が変形を禁止している。特に、「スカートの丈は極端に長くしたり短くしたりしないこと」（堺西高校）、「スカートの丈を短くする等（制服の変形）は認めない」（門真なみはや高校）など、スカート丈に関する規定は多くの学校が定めている。ズボンに関する規定は「学校指定のストレートズボンとする」（金剛高校）など、わずかしかない。

　「長い、短い」という表現であれば、どの程度がそれに該当するのかという問題が生じうる。しかし、「スカートは28本車ひだ、ひざ中±2cm」（泉鳥取高校）、センチ単位の規制をしているところは少ない。「女子のスカート丈はひざ頭が隠れる程度とする」（緑風冠高校）としているところもある。在校中に身長が伸びるとそれだけで買い換えが必要となりうるという問題がある。

　「制服の変形については一切禁止する。制服を加工した場合、再購入してもらいます」（茨田高校）というように、再購入の規定まで書いているところも多い。生徒が一度変形してしまう（例えばスカートを切って短くする）と、そうでも

しない限り指導のしようがない、という事情が見受けられる。

「服装や頭髪は人格の表現であるから美しく端正を第一と心がける」(旭高校)、「その人の教養・人格があらわれるのは、まず身だしなみである」(堺東高校)、「服装容儀は、生徒の教養・品位の現れであり、又生徒の行動を規制する」(金剛高校)など、服装と人格や教養は結びつくものであるという見解を表明をしているものがある。そうだとすると、人格的なことにかかわる服装・頭髪に関する規制はむしろ容易にはできなくなるはずである。

授業があるとき以外について、「部活動等で休日登校するときは、制服を着用する」(狭山高校)という規定がおかれている場合もある。学校以外の外出時に制服着用を求める規定は存在しなかった。

(4) 制服以外の衣類(防寒具、セーターなど)について

制服以外の服装に関して、「学校指定のセーター・ベストに限る」(東淀川高校)、「希望者は、本校指定のセーターやベストを着用してもよいが、本校指定以外のものは着用不可」(藤井寺高校)という規定は多い。「教室内では、防寒着(コート・マフラー・ジャケットなど)を脱ぐこと」(佐野高校)という規定も多い。「室内ではコートを脱ぐのはマナー」としての意味合いであろう。

「オプションシャツ、ベスト、カーディガン」の購入は自由であるが制服の一部としているところもある(りんくう翔南高校)。学校が指定しているがゆえに、そのために新たなものを購入せざるをえないことや市販の価格より高い値段となることもあり、保護者に経済的負担を課すことになるのは問題といえる。

指定品にしていなくても、「カーディガンの着用を認める。ただし、色・柄は華美なものではなく、形状はカッターシャツの着用が確認できるものであること。パーカー、トレーナーは禁止」(枚方なぎさ高校)と指定している場合がある。

「華美でないもの」という規定は多くの校則に存在する。どこからが「華美」なのかは主観的であり、高校生にとってと世代が違う教員にとっての価値意識の違いは存在するであろう。「ソックスは華美でないものとする。女子ストッキング(タイツ)はグレー、茶、ベージュ系統など華美でないものとする」(山田高校)という、女子用のみ「華美」の規定を行っているところもある。「セーター、カーディガンの色は、黒・紺・グレーとし、単色、柄なしとする」(門真なみはや高校)など色の指定のあるところ、さらに、「男女とも中着について

はカーディガン、ベスト、セーター（Vネックに限る）に限って認める。（但し、無地・ワンポイントまでの白・黒・紺・灰色に限る）。パーカーは禁止」（城東工科高校）と指定が細かい場合がある。このような場合、指定にあうものを探す必要がありうる。さらに、なぜ灰色はよくて茶色はいけないのか？という問いに答えることは可能なのだろうか。「ソックスおよびストッキングについては、色、柄は華美なものは避けること。冬季は薄手のタイツは認める。ただし、色は黒・濃紺に限る」（茨田高校）とあるが、ソックス・ストッキングに色の指定がないがタイツには色の指定がある根拠はわからない。「薄手のタイツ」の範囲は確かでない。

　下着にまで規定をおくところは、「色物、柄物の下着で透けて見えるものは不可」（泉鳥取高校）、「下着として着用するTシャツは白が望ましい」（北かわち野高校）など、わずかであった。

　靴に関する規定は、「通学靴は学生にふさわしいものとし、校舎内では指定の上履きを使用する」（芥川高校）のように、上履きの規定をおくところがある。「通学靴は、学生にふさわしい靴を用いること。（サンダル、草履、下駄、ハイヒール等は禁止）」（島本高校）など禁止品を列挙しているところもある。

（5）頭髪について

　ほとんどの高校で、以下のように規定している。「服装・頭髪等は高校生らしく端正、質素、清潔を保ち、いたずらに華美を好み流行を追うことはしない」（池田高校）、「パーマ、髪の染色・脱色等をしないこと」（泉鳥取高校）。

　禁止事項を細かく列挙している場合、例えば「頭髪は常に清潔清楚で自分の自然な髪・形を大切にすること。毛染めや脱色・パーマ・エクステ・編みこみ・デザイン的束ね・モヒカン・過度な刈上げ・剃りこみ・ツーブロック・不自然な左右非対称カット・その他、デザインカットや変形スタイルは禁止する。また、ワックス・スプレーその他の整髪料の使用も禁止する」（美原高校）という場合がある。ツーブロックについては、「過度なツーブロック等は禁止する」（泉大津高校）という場合もある。「過度な」とはどこまでかは定かではない。「頭髪等についても、特に規制は設けていませんが、学びの場にふさわしくないと判断されるような場合は、改善するよう指導しています」（高津高校）と大まかな規定のみを設けている場合もある。周囲の人の感情を害するような頭髪の規制はありうることと考える。

　「頭髪は故意に手を加えず、常に清潔感を保つこと。パーマネントおよび染色等は禁止する」(茨田高校)とあるが、「故意に手を加えず」というのは、天然パーマの生徒に対する配慮かと思われる。同様に「生まれながらの自然の頭髪を維持し」(大正白陵高校)と書く場合もある。髪色が変色している場合に、生徒が「事情があってそうなっただけ」と主張する場合がある。「頭髪において過度なドライヤー・アイロン等の使用によって、色落ち(変色)したものについては、脱色とみなし頭髪指導を行い元に戻してもらいます」(旭高校)、「ドライヤーやヘアアイロン等により、頭髪が変色した場合についても改善を求めることがある」(島本高校)というある種の予防線とみられる規定がある場合がある。

　染色の禁止という言い方をしていて、「茶髪の禁止」という表現は使用されていなかった。ただし、「染色の禁止」であれば、黒髪に戻すために染色することも禁止となるはずである。今回の見直しが行われるまでに「黒髪に限る」という高校も2校あったことが報道されている[11]が、現在はその規定は見当たらなかった。

　さらに、例えばもともと白髪の多い生徒が本人の希望で黒染めすることや、天然パーマにコンプレックスを感じる生徒が直毛にすることは許されないのか、という問題がある。「自分自身の地毛の状態を維持することを基本とする」(阿武野高校)という場合がある。あくまで「基本とする」という規定にすれば、例外を認めるという解釈はできるであろう。

　校則に「頭髪　一度染めたら元には戻らない‼」と書き「染色、脱色、パーマ、エクステ禁止」を述べ、「※違反者はすぐに元の状態に戻すように指導します」(豊島高校)と矛盾を含む書き方をしている場合もある。

　茶髪・あるいは天然パーマに関して、「地毛証明書」については「学校生活上、頭髪につき、元の『自然な状態』がわかる書類・写真等の提出を求められることがある」(槻の木高校)という規定がある場合もある。校則に書かれていていなくても内規に基づいて提出が求められることが多いと思われる。「幼少期の写真は提出を拒否できる個人情報にあたる[12]」という憲法学者の見解がある。黒髪の生徒だけは提出しなくてよいとされ、生まれつき茶髪や天然パーマなどの生徒が否定されたかのような感情をもたざるをえなくなるのではないか。また、「黒髪か茶髪か」は必ずしも明確に区別できないという問題もある。

　前にふれた大阪府立高校の事件において当該生徒は「地毛証明書」の提出を

希望していた。確かに、「生まれつき」の状態の変更を強いられる指導が行われないようにするためには、生徒の利益を守るためのものといえる。ただし、黒髪で天然パーマでない生徒は証明書をだす必要はないわけであり、高校の側が一方的に「あるべき頭髪の状態」を決めているという点では問題である。「黒髪」とはいえ、どこまでが「黒」に含まれるかも明確ではないという問題もある。髪色に番号をつけておいて（日本ヘアカラー協会などが番号を定めている）、それ以上明るくすると違反という指導もある。

　本当はそうではないのに、「生まれつき茶髪」「生まれつき天然パーマ」と主張する生徒がでてくるという問題は確かにある。例えば、「水泳部の生徒がプールの塩素の影響もあり、変色する」、「サーフィンをする生徒が、海水によるダメージで髪が茶色くなる」という問題も存在する。また、今後日本社会に「外国にルーツを持つ子ども」や留学生が増加することは容易に推測できる。「生まれつき金髪」の場合はどうなるのか、という問題もある。

　「社会通念上他人に不快感・嫌悪感を与える、または地域住民を含め学校運営にご協力いただいている方々からの本校への信頼に悪影響を及ぼすような身だしなみ（服装、持ち物、パーマ、毛染め、化粧、アクセサリー等を含む）を禁止する」（和泉高校）など、禁止する理由を書いているところは少数である。

　禁止する理由を示したほうが、生徒にとって「納得できるもの」となる可能性は高く、また規則違反の範囲の確定もしやすいであろう。教員が規則の遵守をもとめ、生徒は「抜け道をさがす」という「いたちごっこ」が存在する場合もある。教員の多忙化、働き方改革がいわれるなか、無駄な指導をいかにやめるかという問題があるように思われる。

（6）化粧・装飾品について

　多くの高校で、「化粧やピアス・イアリング等の装飾品は禁止する」（旭高校）、化粧や、着色のリップクリーム等の使用は禁止する」（茨木西高校）などの規定がおかれている。「化粧（口紅・マニキュア・マスカラ等）は禁止します」（八尾翠翔高校）という一方で、「化粧については、高校生らしさを失わないようにする」（大正白稜高校）のように、一部許可という規定もある。「高校生らしさ」とは何であるかという問題はある。「『化粧』華美・派手なものはすぐに落とすように指導する」（泉陽高校）と「華美、派手なもの」に規制をかけている場合もある。これも、どこからが「華美、派手な化粧なのか」という問題が派生し、生徒指

導上の困難が生じうる。

　リップに関しては、色付きリップ禁止（河南高校）としているところもある。これも、「もともと唇の色が赤い」といわれてしまえば、確かめようがない。

　「入れ墨、タトゥー等は禁止する」（八尾北高校）といった規定もある。通常の着衣の上では見えない位置においても禁止なのかという問題がある。宗教上の理由でのタトゥーはどうなるのか、という問題もある。

　カラーコンタクトを禁止しているところもある。「健康被害の観点から、カラーコンタクトレンズ、ネイルは禁止」（大正白陵高校）としているところもある。健康被害の問題であれば、学校が一律禁止すべき事でなく生徒や保護者の判断に任せるべきことかとも思われる。

（7）乗り物について

　高校の校則にバイク免許に関する規定がおかれている場合がある。既に述べたように、1970年代後半から、「バイク三ない運動（バイクの免許を取らせない、乗せない、買わせない）」がPTA団体などを通して行われていた時期があった。現在では全国高等学校PTA連合会も「三ない」を全面禁止する運動を行ってはいない。大阪府教育委員会も委員会としては特に指導を行ってはいない。

　校則には今も、「三ない運動」の語句が登場することがある。茨木西高校のように、「『三ない運動』とは……大阪府立高等学校PTA協議会および大阪府教育委員会が単車事故防止を目標として府立高校に進める運動です」と由来を明記しているところもある。同校は「免許証の取得は原則として禁止」としている。「自動二輪の免許取得については、原則禁止であるが、家庭の事情でやむを得ず取得が必要な場合は保護者の承諾がある場合のみ取得を認める」（大正白陵高校）と、保護者の許可制を条件にしているところもある。規定をみるかぎり、全面禁止としていることは極めてすくない（狭山高校）。「通学でなくても制服を着たまま、単車に乗ることは禁止です」（堺西高校）という場合もある。生徒の安全確保が理由で禁止するという意味であれば、制服着用でないときも含めて禁止としないと筋がとおらない。制服を着用した生徒が単車にのっていると地域からの学校の評判が下がるという意味なのか。乗車に関しては、通学時に乗車した場合や、スピード違反等で警察での指導をうけたことが判明した場合、暴走行為を繰り返した場合などに懲戒等の対象と定めているところがある（河南高校）。なお、原付自動二輪の事故の危険性に述べたうえで「大阪

府下の高校生の二輪車の事故、特に死亡事故が増加しており」（堺西高校）とい
う説明がされている場合もある。いつといつを比べて「増加」しているのかと
明記はされていないが、バイク事故が増加しているデータがあるとは考えに
くい。

　なお、高校生の場合18歳になると自動車免許の取得も可能になる。自動車免
許のための規定は少なかった。「運転免許証（原付・二輪・普通免許等）の取得は
原則として禁止」（豊中高校）と、バイクの免許に含めて書いている場合はある。
他に、「免許取得は3年3学期授業終了後」（福泉高校）という規定があった。
法的には18歳の誕生日を過ぎた後に免許取得は可能となるが、その制限はどう
なるのかという問題がある。

　自転車通学については、許可制の規定をおくところが多い。「原則として、
1km以上の者に限って許可をする」（和泉高校）という許可に関する距離制限
をおいているところもある。駐輪場のスペースとの関連であろう。許可のス
テッカーの貼付や施錠、2人乗りをしないなど交通ルールに関する規定を書い
ているところがある。事故防止のために自転車通学者は交通量が多いと思われ
る国道の利用を避ける規定がおかれることもある。「自転車には住所・氏名・
電話番号を明記すること」（北野高校）という規定の場合、いまの時代では個人
情報保護の観点から逆に問題となる可能性がある。

（8）アルバイトについて

　「アルバイトは学業の妨げとなるため断じて許さない」（阿倍野高校）という、
「断じて」ということばを使ってまで禁止しているところもある。「アルバイト
は推奨していない」（山本高校）という訓示のような規定をおく場合もある。
「アルバイトを行うことは好ましくないが、やむを得ずアルバイトをしなけれ
ばならない場合は、保護者の許可をとる」（大正白陵高校）という許可制にして
いるところもある。アルバイトは「届け出制」として、「午後10時以降の深夜
労働は禁止」と労働基準法第61条をふまえた内容になっているところもある
（島本高校）。経済的理由でアルバイトをしなければならない生徒が多くいるな
か、一律禁止とするのは問題といえよう。

（9）校外生活について

　旅行に関する規定をおいているところがある。「旅行（見学、帰省、登山、キャ

ンプ、スキー等）を行う場合は事前に所定の旅行届をクラス担任、生活指導部を
経て学校長に提出する」（金剛高校）など、学校に届出をだすことを求めるとこ
ろがいまだに多く存在する。休日の旅行について届出を求める意味は何である
か。休日にいった旅行先で事故に巻き込まれたとしても学校の責任ではなく、
日程を把握する必要はない。警察なり保護者なりが対応すべきことである。プラ
イバシーの侵害であるといえよう。

　「登山、海水浴、ハイキング等を実施する場合は、危険を防止するため、綿
密な注意をしよう。男女共同の時には、先生や保護者の同行指導を受けるべき
ことは社会通念上の常識であり、また我々の良識でもある」（天王寺高校）とあ
るのは、今の時代の社会通念上の常識とは思われない。生徒が企画したハイキ
ング等で保護者や先生が同行指導するというのは、非現実的な対応かと思わ
れる。

　旅行でなく、日常において「学校への往復に寄り道をしない」（狭山高校）、
「登下校時での食べ歩き、飲み歩きはしないこと」（富田林高校）、「外出の際は
行先、帰宅時刻等を家人に連絡する」（河南高校）という規定をおくところは少
なかった。

　「不健全な場所に立ち入らないこと」（佐野工科高校）、「高校生として好ましく
ない場所に出入りしてはならない」（伯太高校）という規定をおくところがある。
「高校生として好ましくない」場所とは何かという問題がある。そういう「心
得」をいうならともかく、「違反すれば懲戒」という規則として読むとすると、
どこからが違反かが不明確である。「ゲームセンター」や「カラオケ」などの
場所名を挙げて全面禁止とするところはなかった。

　なお、大阪府では青少年育成条例により、16歳未満の午後7時以降（保護者
同伴の場合は10時以降）、16歳以上18歳未満の午後10時以降午前5時までの、「カ
ラオケボックス」「マンガ喫茶」「インターネット喫茶」などの立ち入り制限を
規定している。「法規によって禁じられている飲食店や遊戯場等には立入って
はならない」（農芸高校）と書いているところも少ない。「高校生として好まし
くない場所、特に青少年保護条例に基づき入場を禁止された場所に出入りして
はならない」（大塚高校）と条例に触れている高校はさらに少ない。別の方法で
周知することもできると考えられるものの、条例は校則より上位規範であり、
適用対象である高校生に周知する必要はあると考えられる。

　なお、校外活動の一つとして、コンサート・観劇等について「単なる娯楽に

終始せず、広い教養を目指す者としての価値判断をもって観劇の対象を選択しよう」（天王寺高校）と、みるべき劇の内容に介入しているものもある。かつては「単なる娯楽」が排斥された時期があったと考えられるが、その名残であろう。

（10）携帯電話、SNS などについて

「携帯電話等は出来る限り持ってこないこと。授業中において、使用したり着信音が鳴ったりした場合『預かり指導』となる」（久米田高校）、「授業時間内（朝礼・終礼を含む）は必ず電源を切り、一切の使用を禁止する」（富田林高校）、「携帯電話等の使用については校内においては禁止する。（持ち込みは可であるが校内では電源をオフにしておくこと。）」（園芸高校）、など校内の使用禁止規定は多くの学校でおかれている。通学時に携帯電話を所持することまでには、禁止規定はおかれていなかった。高校生の場合電車通学が多いこと、災害などの万一の場合（電車が止まってしまうことなどがありえる）に家族との連絡ツールとして必要になろう。

　SNS 等インターネットを用いた書き込みについて「SNS を通じて人権侵害等を行うことは厳に禁じる。（個人情報や写真を無断で載せる事等）」（東住吉高校）、「人を傷つける、不利益を与える、不快な思いをさせると思われる書き込みや写真、動画等の投稿は絶対にしない。また、それらを拡散する行為も同様である。これらの事柄は特別指導の対象である」（門真なみはや高校）といった注意喚起をしているところは多い。

（11）携行品について

　多くの学校で「多額の金銭や貴重品を持参しないこと」（今宮高校）という規則がある。「すべての所持品には必ず姓名を明記すること」（平野高校）など、「すべて、必ず」は不可能ではないかという規定もある。「学校には不必要なもの（雑誌、携帯音楽機器、遊戯道具類等）を持ってこないこと」（枚方津田高校）という規定をおくところは少数ながらある。「学校に不必要なもの」とはどの範囲がそれにあたるかという問題がある。「教科書、ノート等は、机の中に置き忘れることなく、持って帰る」（大塚高校）という規定も少数であった。

　文部科学省は、2018 年 9 月 6 日に「児童生徒の携行品に係る配慮について」という事務連絡を都道府県教育委員会などに出している。そこで、「授業で用

いる教科書やその他教材、学用品や体育用品等が過重になることで、身体の健やかな発達に影響が生じかねないこと等の懸念」を示している。高校生の年齢になれば「身体の健やかな発達に影響を与える」ことなしに、教科書ノート類を持ち帰ることは可能なのかもしれない。

(12) 懲戒処分規定について

渋谷高校の校則は、懲戒の種類および事由を以下のように列挙している。

懲戒は訓告、停学及び退学の３種類とする。次の違反行為をしたものは懲戒する。１．指導を拒否した者。２．生徒の本分を逸脱した活動により学校の秩序を破壊した者。３．故意に授業の進行を妨げた者。４．飲酒または喫煙した者。５．酒類あるいは煙草またはその器具を所持した者。(飲酒または喫煙者とみなす。) ６．学友の飲酒または喫煙行為に対し同席し、注意を与えないで黙認した者。７．考査において不正行為をした者。８．考査において許可なく禁じられた用具、紙片、教科書類等を自席に携行した者。(不正受験者とみなす。) ９．正当な理由もなく、または正当な手続きを経ないで欠席または欠課した者。10．人に暴行を加え、または傷害を加えた者。11．いじめ (誹謗・中傷・集団による無視等) をした者。12．学校の建物その他の公共物、建造物等を破壊または汚損した者。(場合によっては賠償の責任を負わせる。) 13．許可なく外出した者。14．原動機付き自転車や単車及び自動車を通学の際に利用した者。(同乗の場合も含む。) 15．生徒として出入りすべきでない場所に出入りした者。16．他人の財物及び学校の財物を横領または窃取した者。17．頭髪、服装、態度、行為等において生徒の本分に反する者。

ここまで列挙はしていないが、「無期停学または退学」となる事由は、「窃盗行為 (万引き含) ・一方的暴力・重大な犯罪行為 (覚せい剤使用、恐喝) など」、「出席停止 (有期停学)、または校長訓戒」となる事由は、飲酒・喫煙・暴力行為 (喧嘩) ・テストの不正行為・単車通学・人権侵害・授業妨害・公共物破損・賭博・テスト時の携帯電話の所持・迷惑行為など」という区分けをしている場合もある (北千里高校)。

懲戒処分をだす事由として例示されているもののなかに、「いじめ関係 (インターネットを通じて行われるものを含む)」「SNS関係」(清水谷高校) を含んでいる

ところもある。いじめに関しては、いじめ防止対策推進法第12条に基づき「大阪府いじめ防止対策基本方針」が定められている。さらに同法第13条に基づき各学校がそれぞれの実情に応じた「学校いじめ防止基本方針」を定めている。各学校のいじめ防止基本方針と結びつく言及をする校則は見つけられなかった。

　懲戒、懲戒処分の原則として学校教育法第11条、学校教育法施行規則第26条を引用しているところは散見される。一方で、校則に懲戒処分の規定を書いていないところのほうがむしろ多数である。おそらく別に内規があるとは思われるが、特に法的な懲戒処分の対象は「罪刑法定主義」の観点からも生徒に明文で知らせるべきであろう。そのような規定を校則におく高校はむしろ少数である。懲戒処分の場合の手続きを書いているところは皆無である。

（13）校則の制定・改廃について

　規則であれば改廃手続きの規定があるのが当然かと思われるが、校則自体に改正手続きが明記されることはない。制定期日や最終改正日が書いてあることは、一部の例外（三国丘高校、泉陽高校など）を除いてない。

　生徒が校則の改訂を要求するという話はこれまでに多々存在する。改正手続きが明記されないことは、生徒にとっていかなる要求をすればよいかが明確でないこととなるし、指導する教員の側にとっても明確な対応ができなくなる。

　校則が改訂される理由として、「過去に生徒が制服を着崩す余地があったことで、生徒が希望する進路を実現できなかったことを踏まえている」（北摂つばさ高校）と明記しているところは少数ながらある。同校は「頭髪に手を加える行為は、高校生活に向き合えない SOS と理解して、事態が改善するよう……指導を行う」と、頭髪に関するルールの説明も行っている。

（14）生徒の権利について

　「教育基本法及び学校教育法に基づき、日本国民としての高い自覚と識見をもち、自らの人格を陶冶し、誠実にして有能な人間を育てる」（東百舌鳥高校）と書いてあるところがあるが、高校は憲法や教育基本法、学校教育法などに基づく教育を受ける権利を実現する場であるという規定を校則に示すところはわずかしかない。

　「表現の自由については、憲法に規定する基本的人権の一つとしての重要性をもち、これを侵害することがあってはならない」（清水谷高校）のように、憲

法や基本的人権との関連で書いているところはわずかしかない。

　生徒の権利に関わる問題については、例えば「学校の内外をとわず、集会したり、団体を結成したり、他の団体に加入したりしようとするときは事前に生徒指導部に届け、学校の承認を得ること」（茨田高校）という集会・結社の自由にかかわる記述がある。

　表現の自由（掲示物、印刷物など）に関して、千里高校の規定は以下のとおりである。

(1) 事前届出

1. 掲示物、印刷物の刊行又は配布、放送、展示の場合は事前に担当の先生を通じて、係の先生に届出をしなければならない。
2. つぎの各項の一に該当する内容を含む掲示物、印刷物、放送、展示は一切禁止する。
　イ　個人または団体の誹謗を伴ったもの。
　ロ　営利又はわいせつな内容を含んだもの。
　ハ　校外団体への参加を呼びかけたもの。
　ニ　特定の政党を支持し、又はこれに反対するための政治活動とみなすことのできる内容を含んだもの。
　ホ　個人的内容のもの。
　ヘ　その他学校の正常な運営を妨げるとみなすことのできるもの。

(2) 掲示場所、期間

1. 掲示物については係の先生から届出済の印を受け、生徒用掲示板を使用すること。
2. 掲示期間は原則として一週間とする。
3. 期間の過ぎた掲示物は掲示者で必ず取り除くこと。

　他にも、規制要件として、「個人の誹謗・営利目的・虚偽の報道・猥せつ・他人の言動の拘束・差別助長・暴力煽動・目的責任所在不明確なもの」（東住吉高校）、「① 政治・宗教活動に関するもの、② 他人を中傷するもの、③ 公序良俗に反するもの（わいせつ・暴力的なもの）、④ 校内の秩序を乱すようなもの、⑤ その他不適当と認められたもの」（茨田高校）というように不許可となる要件を列挙している場合がある。

　選挙権年齢等が18歳以上に引き下げられることに対応し、高校としても新た

な対応が求められることとなった。文部省は新たに「高等学校等における政治的教養の教育と高等学校等の生徒による政治的活動等について」（2015年10月29日初等中等教育局長通知）通知をだしている。18歳以上の生徒は、選挙運動を行うことができることとなった。高校生の、特に18歳未満の生徒とともに過ごす学校内での政治活動の自由が問題となりうる。同通知では、高校などが留意すべきこととして「放課後や休日等に学校の構外で生徒が行う選挙運動や政治的活動については、違法なもの、暴力的なもの、違法若しくは暴力的な政治的活動等になるおそれが高いものと認められる場合には、高等学校等は、これを制限又は禁止することが必要であること。また、生徒が政治的活動等に熱中する余り、学業や生活などに支障があると認められる場合、他の生徒の学業や生活などに支障があると認められる場合、又は生徒間における政治的対立が生じるなどして学校教育の円滑な実施に支障があると認められる場合には、高等学校等は、生徒の政治的活動等について、これによる当該生徒や他の生徒の学業等への支障の状況に応じ、必要かつ合理的な範囲内で制限又は禁止することを含め、適切に指導を行うことが求められること」と述べている。

　教育委員会の対応として、政治活動には事前届が必要としている県もあるが大阪府教育委員会としては必要とは判断していない。[13]校則による対応は、「校内における政治活動・選挙運動は制限する」（福泉高校）という規定をおいているところは少数ながらある。「制限する」というのみであって、どこまでの制限かは明確にしていない。

（15）違反回数による段階的指導について

　第7章でも触れるように、アメリカ合衆国の一部にゼロ・トレランスというポリシーが掲げられている。その内容は州や学区により異なり一義的ではないが、銃やドラッグなどの重大な違反に対して「トレランス（寛容）なく指導、警察に通報」という運用がされることが多い。

　日本においてゼロ・トレランスが導入されていると称される場合があるが、その内容は「壊れ窓理論」（壊れた窓を放置しておく、軽微な犯罪を放置しておくと街全体の荒廃につながるという理論）をもちだしてのことか、違反の「段階的指導」[14]、すなわち違反をポイント制のように指導するということが一部で行われていて、そのための規則が校則に明記されている場合が数校存在した。

　一例を挙げると、堺工科高校では、「指導ポイント制度」すなわち、「無断外

出」などは4点、「携帯電話等使用（届出有）」は2点、異装はパーカー等その場ですぐに取れるものは2点、ブレザーやネクタイ、シャツなどは1点とし、累積が10点、20点、30点になるごとにそれぞれ指導が行われるという規定が校則に明記されていた。他に、豊中高校では「遅刻累計指導」の規定が書かれているなど遅刻の回数に応じた指導を明記しているところも見受けられた。以下は門真なみはや高校の例である。

　　5回…反省作文・早朝指導（初回は作文・2度目は反省作文と早朝指導）
　　10回…担任・保護者同席により、教頭注意または学年主任注意
　　15回…担任・保護者同席により、特別指導の「校長訓告」

　同校は携帯電話の授業中の使用に関しても、同様の回数に応じた指導規定をおいていた。

　このような指導は、「一律に運用し、当事者の話も聞かず、例外を一切認めない[15]」ということから、生徒指導の方法として批判がだされている。

お わ り に

　これまで、大阪府の校則についてみてきた。既に述べたように、大阪府の高校の校則は「見直し」の動きがあり、インターネット上で公開されることが前提となっている。それゆえか、しばしば問題にされる「細かすぎる校則」の存在は少なかった。例えば、岐阜県も同様に校則をネット上で公開している。そうでない県の高校とどのような違いがあるかはまだ明らかにできていない。大阪府であるから都心部の高校が多いが、中山間部の高校との違いもまだ明らかにできていない。また、本章は大阪府内の中学を対象にしなかったが、生徒の年齢を考慮してより細かい基準が存在している可能性はある[16]。「ツーブロック」は今では全国的に校則による禁止事項として話題になることが多い[17]。しかし、大阪府内の高校ではほとんどみられなかった。

　なお、いわゆる「偏差値の高い高校」は「校則がゆるい」といわれることがある。しかし、今回校則の規定をみるかぎりそのような傾向は存在しなかった。運用実態によって、そのようになっている可能性はある。

　「今の時代にはそぐわない」と思われる規定は、ある学校に集中しているようにみられる。校則は時代によって変遷するべきであるが、改訂の機会がない

か、あっても見過ごされているかと考えられる。

　校則とよばれるもののうち、特に禁止規定や懲戒にかかわるものは「規則」であり、それに適合する書き方が求められる。規則である以上、内容は明確とするべきであり曖昧な言葉を使う書き方は許されない。「高校生らしい」「華美でない」という言葉を使うところは多いが、解釈の余地が広すぎる。黒髪といったときに「黒とはどこまでか」ということさえ、実際に問題となっている。学校の規則を定める際にそれにふさわしい書き方を考慮していないことが多々存在した。

　大阪府の校則の見直し、公開などの取組は、ある程度の成果は挙げていると評価できよう。

注

1 ）　『朝日新聞』2017年11月18日夕刊。

2 ）　『朝日新聞』2017年11月29日。

3 ）　『朝日新聞』2017年11月30日。

4 ）　同上。

5 ）　教育庁教育振興室「校則等の点検・見直しに関する調査公表について」（http://www.pref.osaka.lg.jp/attach/2364/00269493/kousokuminaoshi.pdf　2021年 3 月20日最終確認）。

6 ）　本書、第 3 章参照。なお、2020年10月の熊本市教育委員会が行った調査（主に小中学校）においても、 9 割がたが「教職員のみで作成・検討・決定」と答えている。生徒への意見聴取という手続きをとるという観念は定着していない。熊本市教育委員会学校改革推進課「校則・生徒指導の見直しに係るアンケート」2020年。

7 ）　『毎日新聞』2018年 6 月13日。

8 ）　『朝日新聞』2019年11月16日によると、岐阜県では校則の再度の見直しが行われている。例えば、61校中、外泊・旅行の届け出や許可を求める高校が46校あったことが問題視された。

9 ）　http://www.pref.osaka.lg.jp/houbun/reiki/reiki_honbun/k201RG00001835.html 2021年 3 月20日最終確認。

10)　山下敏雅「LGBT と校則」『季刊教育法』第204号、2020年、30-37頁など。

11)　『毎日新聞』2017年11月12日。

12)　『読売新聞』2017年11月30日、大島佳代子（同志社大学）の発言。

13)　『毎日新聞』2016年 5 月 2 日、2016年 3 月16日。なお、城野一憲「高校生の『政治活動の自由』とその制限の許容性」『鹿児島大学教育学部研究紀要』人文・社会科学編、第68号、2016年、17-51頁。

14)　文部科学省初等中等教育局児童生徒課長通知（2006年6月15日）に、「米国で実践
されている「ゼロ・トレランス方式」にも取り入れられている「段階的指導」等の方
法を参考とするなどして」とある影響と思われる。誤解に基づくものと考える。

15)　小野田正利「悲鳴をあげる学校163」『月刊高校教育』2019年10月号、78-81頁、81
頁。他に、横湯園子ほか『「ゼロトレランス」で学校はどうなる』花伝社、2017年。小
野方資「ゼロ・トレランスに基づく福山市「生徒指導規程」の教育法学的検討」『日本
教育法学会年報』46号、2007年、159-168頁、など。

16)　なお、福岡弁護士会が2021年2月に福岡市内の全69中学校を対象とした「校則に関
する調査報告書」、および文部科学省、福岡県および福岡市、北九州市教育委員会あて
に「中学校校則の見直しを求める意見書」を公開している（https://www.fben.jp/
statement/dl_data/2020/0217-03.pdf　2021年3月20日最終確認）、（https://www.
fben.jp/statement/dl_data/2020/0217-02.pdf　2021年3月20日最終確認）。

17)　なお、2020年3月に東京都議会で東京都教育庁は、ツーブロック禁止の理由を「外
見等が原因で事件や事故に遭うケースなどがございますため、生徒を守る趣旨から定
めているものでございます」と答弁している。ツーブロックの生徒が事件や事故に遭
うケースが多いというデータはおそらくない。

第6章

フランスにおける校則

1　フランスの校則にかかわる制度・法令

　フランスの中学・高校において校則（règlement intérieur、直訳すると「内部規則」となる。[1]）は学校管理評議会（conseil d'administration）が制定し、改廃する権限を有していることが法令で定められている。[2] 学校管理評議会とは、校長ほか合計30名で構成される機関である。校則の他にも学校の運営方針、予算・決算など、広範囲にわたって決定権を有している。評議会には、教員代表（7名）、学校職員代表（3名）、父母・生徒代表も（あわせて10名、うち生徒代表は中学で3名、高校で5名）も参加する。

　フランスでは各クラスでクラス代表（2名）を選出する。その代表が一同に会して会議をひらき、「代表の代表」を選出して学校管理評議会に出席する生徒を決定する。地域からの代表として学校管理評議会が任命した人も参加する。

　フランスの校則に関係する法令としては、2011年政令（2011-728）および、それをうけて細部を規定している通達（2011-112[3]）がある。この通達によって校則の内容は大綱が示されている。同通達は「前文」「校則の目的」「校則の内容」「校則の改訂」という構成となっている。

　前文で校則の位置づけとして、「共同生活をするための規則」、「市民としての礼儀とふるまいの規則」と述べる。「校則は規範のヒエラルキーの原理に合致したものでなければならない」として、フランス共和国の憲法、国際条約、法律、規則といったヒエラルキーの下位におかれるものであることを示している[4]。校則は原理的にフランス憲法の内容に合致したものでなければならない。憲法から「平等」「ライシテ」「公教育の無償」などの原理が導かれる。また、内容も法律などに反することはできない。ライシテについては後述するが、脱宗教性、非宗教性、世俗性などと訳される用語である。公教育は宗教と分離した形態で行われる、各人は信教の自由を有するという原則はフランスでは疑われることはない。

　校則の目的としては、校則は教育共同体のすべての構成員に適用される共同生活の規則という前提で、「市民精神と礼儀の規則」である（R421-5）。生徒の権利、自由、義務、懲戒、懲戒処分などについて定めることにおいている。

　校則の内容として、校則に含まれるべき内容を例示している。それは、市民性の育成と、学校という教育共同体のアクターの関係を定めるものとされる。以下、校則に含まれるべき内容として、通達で数字を明記して示している「見出し」と簡単な内容を示す。

（1）教育という公的役務（サービス）の原理について

　フランスの学校教育で採択されている原理として、教育の無償、中立、脱宗教性（ライシテ）が挙げられている。生徒の義務として、勤勉、時間厳守、寛容、他者の尊重、機会均等の尊重、男女平等の扱い、あらゆる心理的、身体的、道徳的暴力の禁止、が挙げられている。

　生徒同士あるいは生徒と大人の間は、集団生活のなかで、「互いに尊重しあう」ことが原理として掲げられている。

（2）学校内の生活の規則について

　学校という集団生活の場、及び学習の場のルールとして、以下の内容が挙げられている。

- ・学校の組織について（授業が始まる時間、休憩時間、学校の器物の使用ルール、共同の空間について、など）
- ・学習にかかわることについて（学習の構成、成績を出す方法、評価と通知表、連絡帳の使用、図書館の利用ルール、など）
- ・学校での生徒にかかわることの構成について（遅刻、欠席の管理、外出のルール、など）
- ・学校生活について（携帯電話は教育活動中は禁止、個人的なものの使用（スマートフォン、MP3 など））
- ・安全について（校内のタバコの禁止）

（3）生徒の権利と義務について

　生徒の権利と義務について定める通達を引用して、およそ次のように述べている。

① 権利の行使について

・中学では生徒は表現の自由、高校では生徒は表現、集会、結社、出版の自由を有する。その際には、「多様性の尊重、中立性の原理、他者の尊重」に基づくべきである。

② 義務について

・教育共同体においてメンバーの権利と義務を尊重すること

・勤勉（assiduité）の義務（学級における授業計画の一部を拒否すること、出席を拒否することは許されない）

・他者を尊重する義務（他者の人格に対する寛容（tolérante）と尊重の態度。宗教的な外観を衣服や標章により誇示する事は禁止）

・学校共同体におけるあらゆる暴力の禁止（言葉の暴力、所有物の破損、盗み、盗みを企てる、強要、いじめ（インターネットを含む）、身体的・性的暴力）

・生活範囲の尊重（環境、共有物の尊重）

（4）懲戒（懲戒と懲戒処分）について

校則は市民精神と振舞いの規則を定めるものであり、場合によっては違反があったときは、事実上の懲戒（punition）と懲戒処分（sanction）の対象になることが述べられる。懲戒、懲戒処分については、後述のとおり別の通達による規定がある。

（5）表彰について

「スポーツにおける、アソシエーションにおける、芸術における」活動は表彰の対象にすることができること、公的なセレモニーができることが述べられている。表彰の対象にするときは「連帯の精神、責任」を考慮することができるとされる。

（6）学校と家庭の関係について

フランスにおいては生徒手帳に「連絡欄」があり、学校と家庭の連絡に使用されることがある。校則にも家庭との連絡を通して共同教育がいわれる。

（7）特別な状況について（成年の生徒、トラブル、寄宿生、食堂サービス、実習）

「成年の生徒」については、フランスは18歳成人の制度をとっているが留年する生徒が多く（普通高校の3年生の生徒のうち4人に1人は一度以上留年している）、成人の高校生は珍しくない。学校を欠席する場合は本人が直接連絡するなど、成年の生徒には法律上成年であるのと同様に学校でも扱われる。

校則の改正についてでは、校則の改正手続きなどについて、「高校生活のための評議会（CVL[5]）」に相談することを必須としている。改正は学校管理評議会の権限である。次いで「情報の広報」について、校則は教育共同体の構成員（保護者を含めて）に知らせなければならないことが述べられている。実際に、校則は生徒手帳に記載される。学校と生徒との間の「契約書」のような扱いをうけ、本人、保護者のサインが求められる欄がある[6]。保護者のサイン欄があるのは、校則には保護者にかかわる（連絡など）規定があるからである。

校則の概要を定める通達は以上のとおりであるが、生徒の懲戒および懲戒処分に関しては、この通達と同時にだされた通達（2011-111）により[7]、詳細に定められている。それには「懲戒、懲戒処分の定義」「懲戒処分の手続き」「予防について」が書かれている。

懲戒、懲戒処分の定義として、懲戒処分の種別は、政令（2011-728）により、訓告、戒告、責任をとる活動、一時的な学級からの排除、一時的な学校からの排除（停学）、退学になる[8]。「責任を取る活動」とは、2011年に追加されたが、例えば授業時間外に社会連帯、文化にかかわる活動をするなどである。それは停学・退学処分を減らすことをも目的としている。

停学の場合は、校長もしくは懲戒評議会（conseil de discipline）の判断、退学の場合は懲戒評議会の判断となる。懲戒評議会とは、懲戒処分を行う必要があるときに校長の判断で開設される。構成員は、校長、副校長、生徒指導専門員、学校管理者、教職員代表（5名）、生徒代表（3名）、父母代表（2名）の計14名である。生徒代表は学級代表に選出されている生徒のうちから選ばれる。フランスにおいては父母代表もクラスごとに選出するという制度もあり、学級評議会などにも参加している[9]。懲戒評議会で採決をとるときは、生徒代表の一票も校長の一票も同じものとしてカウントされる。なお、重大な事案の場合は、県懲戒評議会が開かれることもある。

懲戒処分を行うときの手続きについて、原則としては、適法性の原則（懲戒

処分の対象となる行為および罰則に関しては校則に明記すべき）、一事不再理の原則（同じ事件は2度審議しない）、対審の原則（反論をする権利がある）、比例原則（問題となる行為と懲戒処分の重さに比例関係があるべき）、個別化の原則（「連帯責任」は認められない）が挙げられている。他にも、懲戒処分の際には、当該生徒や法定代理人には、非難されている行為の内容など、必要な情報が与えられていなければならない、とされる。懲戒処分においても司法同様の近代法の原則に即した手続きが求められている。次いで、懲戒評議会の際のすすめかた、手続き（事前に生徒と保護者、教師、友人、生徒代表など必要な人物の言い分をきく、など）[10] が定められている。また、懲戒手続きと刑事手続きは別であること、物を破損した場合などの民事上の損害賠償は別であることも書かれている。

　予防については、「教育委員会（commisssion éducative）」の規定をおいている。教育委員会は校長、生徒代表、父母代表、教員がそれぞれ少なくとも一人以上で構成される。学校での義務を果たさない、不適切な行動をとる（いじめ、差別的な行動など）生徒に対し、行動の意味や、その行動が自分やほかの人に対してどのような影響を与えるかを尋ねて、教育的、建設的な解決を目指す。例えば「危険物の没収」などの「予防となる手段」がとられることがある（ジャン・ボフレ中学校則）。

　退学処分を出すなど重大な場合に懲戒評議会の開催が求められることは、学校が「教育共同体」であることを示すものでもあり、人権についての教育の一環であるといえよう。なお、実際の校則をみると、ジャン・ボフレ中学は懲戒、懲戒処分の対象を以下のように書いている。

　懲戒の種類としては、口頭での叱責、口頭・文書での謝罪、連絡帳に記入したうえでの観察、連絡帳に記入したうえでの注意勧告、多くの課題、学校があいている間の居残り、水曜日の午後に課題をすることがある。懲戒の対象となる行為の例としては、持ち物を忘れる、宿題をしない、授業をきかない、ノートに落書きするといった学校にかかわること、大声、悪口、授業妨害、携帯電話の音をならす、環境を尊重しない（チューインガム）、小さな破損行為、生徒間の言葉の暴力などである。

　懲戒処分の種類は法令のとおりに書かれている。対象となる行為の例は、人を侮辱、脅迫、攻撃する、人の人格を攻撃する、仲間への暴力、物の破壊、危険物（ナイフ）の所持、法律に反するものの所持、タバコを吸う[11]、宗教・政治への勧誘、が挙げられている。

2 フランスの校則とその特色

　上記に基づいた法令に則したものとして、各学校の学校管理評議会が校則を
採択する。一例として挙げると、ビュフォン高校の校則の構成は以下のとおり
である。[12]

前文
学校生活

　　1　学生証

　　2　登下校

学校と家庭の関係

　　1　郵便物

　　2　両親と教職員集団、生徒代表との連絡

　　3　両親と生徒の受け入れ

学校活動と学校周辺活動

　　評価：学級評議会と各学期の通知表

集団生活のルール

　　1　脱宗教性

　　2　行儀、振る舞いと尊重

　　3　清潔と衛生

　　4　高校生のホワイエ（自由に使用してよい部屋）

生徒の義務

　　1　学校の義務

　　　1．1　勤勉と時間厳守

　　　1．2　欠席

　　　1．3　遅刻

　　2　体育・スポーツ

懲戒

　　1　事実上の懲戒

　　2　懲戒処分

　　3　予防、修復、停学時の手段、オルターナティブな手段

生徒の権利

　　1　集団的表現の自由：ポスター

　　2　出版の自由

　　3　結社の自由

　「前文」では「われわれの優先事項は生徒の成功である」と述べ、「学校において可能な限りの可能性を達成し、責任ある市民になる」ことを掲げている。そして、校則は学校独自の権利義務を定めるもの、としている。

　「学校生活」では生徒証や授業開始、終了時間、家庭との連絡ツールなどの規定が明記されている。学級評議会とは、クラスごとに選出される代表2名と、校長、担任、生徒指導専門員（フランスでは学習指導を行う教諭とは別に、生徒指導などを担当する職員がいる）、父母代表などで構成される。生徒一人ひとりの成績は、この会議を通してオーソライズされる。他に、学級で生じている問題などについて話合うところで、各学期に1度は開催される。¹³⁾

　「集団生活のルール」としては、「他者に対して適切な、尊重する振舞いをすることは各人の義務」であり、他者の尊重や、他者の信条への寛容がいわれる。それは、集団生活が成立するための条件と考えられている。

　「生徒の義務」では、勤勉（すべての授業で勤勉である義務）、時間厳守のほか、欠席手続き、体育の授業において身体的事由で欠席が認められる場合の手続き、などが書かれている。

　「懲戒」では、事実上の懲戒と懲戒処分について、その手続きについて書かれている。懲戒に関して、予防的手段や修復的手段の必要性も書かれている。上記の法令、通達に基づいて書かれている。

　「生徒の権利」では、後述する「表現、出版、結社、集会」という4つの権利について述べられている。

　以下にフランスの校則について、特記すべき点を述べる。第一に、校則が「共和国の価値」を実現させるものとして位置づけられていることである。自由、平等、友愛、脱宗教性（ライシテ）、男女平等といった共和国の価値の実現が教育という公役務（パブリック・サービス）の前提とする原理であることが書かれている。

　第二に、フランスの校則は文字通りの「内部規則」であって、学校外のことについての規定はない。それは「私生活」であって学校の関与することではない、「私生活の自由」に学校は介入しないとされる。それが共和国の理念の一つでもある「自由」である。上記の通達では、例外事項として「登校、下校に関係する事」は校長が治安（警察）上の問題から規定を定めることがありうることをわざわざ言及している。学校内部のことに関して、校時ごとの授業開始および終了時間や開門と閉門の時間、通学にかかわること、文字通り「内部規則」としての学校の「ローカル・ルール」が規定されている。

　第三に、法律や政令・省令が引用されていることである。あくまで「校則」は憲法や法律、政令、省令の下位規範である。また、直接引用されなくても明らかに法律などを反映して作成されていることがわかることが頻繁にある。

　1991年政令173号「生徒の権利と義務に関する政令」が、高校生の「表現、結社、集会、出版の自由」を定めていることを、引用している校則が多い。さらに、同政令にかかわる通達は、「書いたもの……は他者の権利や公の秩序を攻撃するものであってはならない」「侮辱、名誉を傷つける、私生活に対する攻撃を含むものであってはならない、とりわけ中傷や嘘があってはならない」と記されていて、その趣旨が校則にも反映される。表現の自由という権利の行使には責任が伴うことが、教育の一環としていわれている。違反行為があった場合に、校長は表現を禁止できる。しかし、後日に校長は学校管理評議会に禁

止したことを報告する義務があり、恣意的な表現の禁止はできないように注意が払われている。

フランスでクラブ活動にあたるものには「高校生の家」とよばれるものがある。それは、放課後に週に1度程度、有志があつまってスポーツや文化活動を楽しむものであるが、「高校生の家」はアソシエーションの一つであり、1901年結社法に基づいてつくられている。現在では、16歳以上であれば結社の自由が法律上認められている。「高校生の家」の「会長、書記、会計」は高校生が務めるのであり、組織の運営も高校生主導で行われる。予算・決算との関係で、学校管理評議会の審議事項にかかわることもある。憲法や法律、条約の人権保障規定の延長線上に校則があるといえる。

また、例えばエレーヌ・ブシェ高校の校則は学校での喫煙禁止規定に関する2006年政令第1386号を引用している。フランスでは未成年喫煙禁止法にあたるものがなく、校門の一歩外であれば高校生が喫煙することは法律に触れることではないので、教職員が注意することはない。あくまで健康は自分の責任となる。

第四に、服装や頭髪に関する細かな規定はないことである。フランスの学校は制服を定めない。多くの出自からなる人で構成されるフランス共和国は、そもそも「地毛」が何色かが人それぞれ、という状況がある。服装に関する規定は、「適切できちんとした、特別目立つことのない服装、あらゆる教育に適合する服装」（ビュフォン高校）程度の規定しか存在しない。「適当で礼儀ただしいもの、下着が外からみえてはならないし、破れたジーンズや卑猥な言葉が書かれている、音のするサンダルは禁止」（エドモン・ミシュレ中学）など、礼儀にあたる規定がないわけではない。

学校における活動において、服装規定が必要な場合がある。理科の実験のときは「長袖で、100パーセント木綿のシャツを着用すること」（ジャン・ゼイ高校）、体育の授業では「半袖Tシャツあるいはトレーニングウェア」（ジャン・ボフレ中学、なおフランスの学校では「体操服」の指定はない。平常の服装で体育の授業を行うことが多い）といった、合理的と思われる規制ならある。

服装や髪型の規則を守ることが自己目的のように作られていることはない。ただし、宗教に関する規定に関しては、「あらゆる宗教の宣伝や実践は学校内では禁止される」ことから、「宗教的な外観を誇示する標章や衣服を着用することは禁止される」という規定がある（ジャン・ゼイ高校）。これは、2004年に

制定されたいわゆるスカーフ禁止法およびそれに付随する通達をうけてのものである。それで「（イスラームの）スカーフ」や大きな「十字架のペンダント」「ユダヤ教のキッパ」などの校内での着用は禁止される。フランスにおいて、宗教を公立学校内に持ち込むことの禁止は厳格に行われる。フランスにおいて、イスラーム教徒の女子生徒が着用することもあった「スカーフ」は「宗教を誇示する表層」にあたるとして、公立中学・高校の校内での着用は禁止される。

2013年に「ライシテ憲章」という脱宗教性（ライシテ）に関する憲法や法律、条文をまとめたものがつくられ、それを校内に掲示することは法令で義務付けられている。その第一条は「フランスは不可分で脱宗教的、民主的かつ社会的な共和国である。……フランスはすべての市民の法の下の平等を保障する。フランスはあらゆる信条を尊重する」であり、現行のフランス共和国憲法より引用された語句である。さらに、それが生徒手帳にも掲載されていることがある。[15] 思想や信仰を異にするものが「ともに生きる」ためのルールとして「脱宗教性（ライシテ）」は強調されている。

第五に、生徒の権利、義務について明確に述べていることである。フランスにおいて校則は「心得」をさだめるものではなく、「規則」であり、生徒と学校の間での「契約」である。したがって、内容がきわめて曖昧な語句は使用されない。生徒の権利に関しては、既に述べた「表現、出版、結社、集会」の自由は多くの高校校則に書かれている。また、校則は学校と生徒との間の契約であることを示すために、校則が掲載されている生徒手帳に、生徒（および保護者）が承諾したという署名をする欄がある。入学当初に校則に関する説明がなされたあとに、署名する時間がとられる。フランスでは学級でルールをつくったときにも署名をすることもある。

生徒の義務に関しては、「授業における勤勉は義務である」（ビュフォン高校）といった規定がある。1989年教育基本法第10条「生徒の義務は学業にかかわる責務の遂行である。それは、勤勉と学校における集団生活及び運営のための規則の尊重が含まれる」を引用して書かれていることが多い。すべての授業に出席することが義務とされ、その例外は体調不良・身体的事由によって体育の授業の欠席が認められるくらいである。他にも「時間厳守」が「遅刻は学習の妨げになる」（ビュフォン高校）と規定されていることが多い。「他者の尊重」「脱宗教性の尊重」なども「義務」と明記されていることもある（ベルナール・パリシ高校）。

3　フランスの中学における校則についての学習

　フランスにおいては、小学校では児童参加の委員会は任意設置であるが、「学校の規則」「学級の規則」についての学習が行われることはある。さらに、中学・高校になると生徒参加制度が既に述べたようにあり、学校自体が「民主主義の習得の場」としての機能を持っている。それでは、校則について、入学したての中学生はどのような学習をするのであろうか。フランスの中学では入学すると生徒参加制度に関する説明をうけ、各クラスで代表を2名選出する。2名はクラスの代表として年に3回ほど開かれる「学級評議会」に出席し、クラスでおきている問題を担任、校長、他の教職員、父母代表などと話し合う機会を持つ。学校の選挙制度や代表制度についての説明、代表の役割（評議会の前にクラスの意見を集約して発言するなど）といった教育は、担任や生徒指導専門員を通して行われる。

　時間割の中での学習に関しては、フランスの中学では「道徳・市民」の時間が週1時間おかれている。「歴史、地理、道徳・市民」が日本でいう「社会科」の時間に相当するものとなっている。公民的分野にあたるものとして「道徳・市民」が存在するが、それは人権についての学習であると同時に、共和国の価値についての道徳教育の場でもある。

　「自由、平等、友愛、脱宗教性」といった共和国の価値を身に着け、それは意見や宗教的信仰を異にする者が「ともに生きる」ための価値、原理や規則について学ぶことを意味する。その規則の一つとして「校則」もある。

　フランスの中学では、入学すると中学そのものについて学習し（中学における権利、義務など）、校則についても学習する。脱宗教性に関しては、ある教科書には「校則の抜粋」として、以下のように登場する。[16]

権利	義務
脱宗教性（ライシテ）と寛容の精神は、われわれの公立学校における2つの基本である。各々は違いを尊重され、市民精神や連帯の精神、中学校における生活における含意を態度で示すことを推奨される。 生徒による自分の信念をひかえめに示す標章を所持することは許可される。	脱宗教性の原理に反するあらゆる政治的、宗教的な宣伝はあらゆる形態において禁止される。 あらゆる態度、口頭、文書による言葉も差別的（性差別、人種、外国人嫌いなど）な表現は禁止される。 教育法典（L. 141-5-1）に従って、生徒が宗教を誇示する標章、服装を着用することは禁止される。

問1　脱宗教性の原理は何を許し、保障し、保護していますか。

問2　中学において脱宗教性の原理は何を禁止していますか。

問3　公立学校ではどのような宗教を示す標章が禁止されていますか。

　　　それはなぜですか。

　問1は「各人の思想、信条、信教の自由」、問2は「学校内での宗教に関する宣伝や宗教に基づく差別的表現」、問3は「イスラームを示すスカーフ、学校内では宗教的中立性が求められるので」といった答えとなる。

　上記は、既に述べたいわゆるスカーフ禁止法にかかわることの学習である。「校則」は憲法や国際条約、法律、政令、省令などとともに共和国の価値を保障するものである。共和国のなかで思想や信条を異にすることもある他者を尊重しつつ、「ともに生きる」ための価値である。

　フランスでは中学終了時には、前期中等教育終了試験（DNB）が行われる。社会科系教科（フランスでは「歴史、地理、道徳・市民」）の一部として、「道徳・市民」にかかわることとして校則が出題されたこともある。[17]

校則に関する前期中等教育終了試験の問題（2018）

実際にある状況：権利と規則：校則：他者と生きるための規則

資料1　校則はだれのためのもの？

校則は学校内での規則の全体を決めます。例をあげると、それは、登下校の時間を決め、生徒の表現の自由を行使する条件や、アクセスする条件や施設の利用などについて明確にしています。……それは学校の指示によって、学校共同体のほかのメンバーと相談することによって、……作られます。その文書によってなにが禁止されていてなにがそうでないかを知ることができます。ある種の衣服（カスケット帽、ショートパンツなど）が禁止されていること、さらにそれにともなう懲戒についてが、あらかじめわかります。また、この文書があることによって、許可されているものとそうでないもの（携帯電話、ウォークマン、ヘッドホン）がわかります。「校則で禁止されていないことは許可されている。それは、校外でもそうである」という原理は残ります。……校則は保障します、情報や表現の自由、脱宗教性と多元主義の原則、各々の学校に適用される懲戒の枠組み、いじめなどを行うことの禁止、適用される懲罰を前もって知らせることを。

出典：若者資料情報センター（2016）

資料2　中学の校則抜粋

> 校則は以下のことを適用させる。
> ・情報と表現の自由
> ・政治的、イデオロギー的、宗教的中立
> ・脱宗教性と多元主義の原理の尊重
> ・寛容の義務と他者の尊重
> ・あらゆる身体的・道徳的攻撃から、あらゆる差別から保護されることの保障。
> 　あらゆる形態の暴力を使用しない義務を各人に生じさせている。
>
> 　　　　出典：インターネットより、Collège Rousset（Bouches-Du-Rhône）の校則

問い

1．2つの文書がふれている「共和国の価値」を書きなさい。

2．あらゆる市民の価値を保障する文書の名前をあげなさい。

3．以下の図の空欄をうめなさい。2つの文書から出発して、校則から2つの禁止されていることと、2つの保障されていることを書きなさい。

校則は禁止する	校則は保障する
—	—
—	—

4．あなたは、小学5年生（フランスでは最高学年）を中学に迎えます。小学生はあなたに、「校則について知っていることは、大事なことじゃない」といいます。あなたは彼に、「校則のよいところ、よく知っておくことの必要性」を説明してください。

　問1では、「情報や表現の自由」「政治的・宗教的中立」「寛容」「差別の禁止」などが「共和国の価値」として挙げることができるであろう。

　問2は「憲法」「世界人権宣言」などが答えとなりうる。

　問3は、禁止するものは「カスケット帽などの衣服の禁止、あらゆる種類の暴力を行使すること」、保障するものは、「情報や表現の自由、多元主義の尊重」など、文書から読み取って回答することが求められる。

　問4は、以下のようになろうか。「校則は中学校でみんながお互いを尊重しあって共同生活を送るためのものであり、そのためのルールを知っておくことは必要です。校則は例えば個人および集団の表現の自由を保障することが書いてあります。例えばSNSに何かを書くことは表現の自由を行使することです。その際には友達を尊重しなければならない、誹謗中傷やプライヴァシーを暴露

することは許されないなどの、義務と責任が伴います。そういう規定のある校則のおかげで、みんなの権利が保障され、学校で学ぶ、共に生きることができるのです」。

中学のうちから、自分の言葉で論述することが求められる。高校修了時にはさらに長文の論述問題の出るバカロレア試験において自分の見解を書くことが求められる[18]。フランスの試験は多岐選択式ではない。

フランスの高校学習指導要領は、道徳・市民教育は生徒をして「責任ある自由な市民になるように、自分の権利と義務を自覚し、批判的な感性を持ち、倫理的な態度（comportement）を自分のものとして取り入れることができ、自分で批判的に考え判断することのできる市民を育成する[19]」ことと述べている。あくまで主体的に判断する力が目標とされるのである。

道徳・市民教育が、知識を具体的な場面にどのような適用させるかということを重要視していることを上記の試験は表してもいる。ある具体的場面を設定して、その場でどのような問題解決を行うかという、コンピテンシー（知識・技能・能力・態度をもとにある社会的文脈において問題を解決する力）を重視する動向[20]が、ここにも表れていると考えらえる。

おわりに

フランスの学校において、強調されることは意見や信条、信仰を異にするものが「ともに生きる」ことである。学校は共同生活の場であり、「ともに生きる」ためのルールとして校則が存在し、その理解を深めることも教育の一環である。フランスの学校は「民主主義を修得する場」とも位置付けられている。フランス共和国において政治家を選挙で選出し、国会で法律が制定されることが、学校において生徒代表を選出し、学校管理評議会で校則が制定されることとパラレルであると考えられている。

校則が存在すること、その意味を理解すること、規則の必要性を理解することは、市民性教育の一環である[21]。フランスの教育は学校教育全体をとおして「市民の育成」を目指して行われ、校則もその一環を占めている。校則についての知識も、具体的状況において問題を解決する力を習得することにもつなげて考えられ、それは試験の問題に表れている。

注

1）　フランスの校則について邦語による先行研究は少ない。大津尚志「フランスの中等教育機関における校則」『フランス教育学会紀要』第13号、2001年、49-60頁。

2）　生徒代表制度について、大津尚志「フランスにおける学校参加制度」『人間と教育』第89号、2016年、104-111頁。学校管理評議会について、大津尚志「世界の実践に学ぶ生徒参加権者教育11　フランス⑤ 根幹的事項の決定権をもつ学校管理評議会」『月刊高校教育』第54巻第 2 号、2021年、76-77頁。

3）　Circulaire no. 2011-121, *B. O., special*, no. 6, 2011.

4）　Castel Olk, et Canchez A., *Le Règlement intérieur en college et lycée*, Canopé, 2017, p. 13.

5）　高校生活のための評議会について、大津尚志「世界の実践に学ぶ生徒参加の主権者教育 9　フランス③ 高校生の自治」(『月刊高校教育』第53巻第13号、2020年、76-77頁）参照。

6）　パリ市内、シャルルマーニュ中学校生徒手帳など。

7）　Circulaire no. 2011-111, *B. O., special*, no. 6, 2011. なお以下も参照、Nayl C., *Comment se prepare le conseil de discipline des élèves*, CRDP du Limousin, 2013.

8）　フランスでは義務教育期間においても退学処分はある。その場合、他校への転校などとなる。

9）　大津尚志「フランスにおける生徒・父母参加の制度と実態」『教育学研究論集』第 7 号、2012年、21-26頁。

10）　2019年の政令（Décret 2019-908）によって「生徒代表」も加えられた。

11）　なお、フランスでは未成年喫煙禁止法は存在しない。公共の場での喫煙は禁止されるゆえ、学校での喫煙は違法行為となる。

12）　Règlement intérieur（https://www.lycee-buffon.fr/images/pdf/ri-lycee.pdf　2021年 3 月20日最終確認).

13）　詳しくは、大津尚志「世界の実践に学ぶ生徒参加の主権者教育 8　フランス② 伝統ある生徒参加制度」(『月刊高校教育』第53巻第12号、2020年11月、74-75頁）。

14）　大津尚志「世界の実践に学ぶ生徒参加の主権者教育 9　フランス③ 高校生の自治」(『月刊高校教育』第53巻第13号、2020年、76-77頁）。

15）　ライシテ憲章について、大津尚志「フランスの市民教育」(長瀬拓也・杉浦真理・奥野浩之・渡辺暁彦・松森靖行編『ここからはじめる「憲法学習」の授業』ミネルヴァ書房、2019年、28-29頁）参照。

16）　*Enseignement moral et civique cycle 4*, Hachette, 2015, p. 16.

17）　Diplôme Nationale Brevet Session 2018, Histoire-Géographie Enseignement moral et civique, Série Générale（https://cache.media.eduscol.education.fr/file/DNB_2018/64/8/DNB_2018_HGEMC_SERIE_GENERALE_METROPOLE_979648.pdf 2021年 3 月20日最終確認).

18) バカロレア試験について、細尾萌子ほか編『フランスのバカロレアにみる論述型大学入試に向けた思考力・表現力の育成』ミネルヴァ書房、2020年。

19) 高校学習指導要領上の文言。*B. O.* spécial no. 1 du 22 janvier 2019.

20) フランスの教育、特に小学校、中学校ではコンテンツベースからコンピテンシーベースへと移行する動向がみられる。コンピテンシー重視の道徳教育について、大津尚志「フランスの道徳・市民教育における価値・知識・コンピテンシー」『人間と教育』第107号、2020年、100-105頁。

21) フランスの市民性教育について、大津尚志「ペイヨン法以降の道徳・市民教育に関する動向」『人間と教育』第91号、2016年、102-109頁。大津尚志「フランスのアクティブ・シティズンシップ教育」白石陽一・望月一枝編『18歳を市民にする高校教育実践』大学図書出版、2019年、190-218頁、など。

第7章

アメリカ合衆国における生徒規則

はじめに

　アメリカ合衆国においては、日本における校則とおなじ機能を果たしているものとして、中等教育段階において学区教育委員会や学校で作成される生徒規則が掲載されている冊子（HANDBOOK）があることが多い。それは生徒、親の両方に配布されることが多く、きわめて詳細な規定が書かれていることが多い。アメリカ合衆国は連邦制および教育委員会制度をとる。教育に関する法律、規則は、州、学区、学校によってかなりの違いがある。教育に関する法律は基本的には連邦法でなく州法である。さらに、学区ごとの教育委員会規則、学校ごとの規則が存在する。ここでは、主としてハンドブックを分析対象にして、アメリカでの校則に相当するものについての実態を明らかにすることを試みる。[1]

1　カリフォルニア州 LAUSD 学区の冊子（HANDBOOK）の検討

　本章では、まず大都市学区の一例として、カリフォルニア州ロサンゼルス統一学区（LAUSD）においてすべての生徒、親に配布された冊子[2]の内容を検討することとする。

　その構成は次のとおりである。

> 出席について／アルコール・タバコ、薬物、暴力の予防、禁止／理科の実験の時間に生物を使用することのオルタナティブ／体育の時間の必要に対する毎年の通知／アスベストと鉛の管理／授業前・放課後のプログラム／「黒板」による通知／健康のための方針の詳細計画／いじめ・新入生いじめ対策方針／カリフォルニアの生徒のパフォーマンス、プログレス評価／カリフォルニア州立大学による早期評価プログラム／携帯電話とそれ以外のモバイル機器／住所変更・緊急連絡／生徒とかかわる行動規範／大学入学の必要条件、高等教育に関する情報／懲戒の基本指針と学校環境権利章典／学区サービスセンター／成人・キャリア教育部／服装規定・制服／移民としての地位、市民権、宗教的信

条にかかわらない教育の公正／選択の学校／緊急事態への準備／緊急への応答／すべての生徒の成功に関する法律：親はタイトル1の学校に関する通知を知る権利を有する／遠足／食料サービス部／食料サービス部、ミールサービスのタイプと適格性／外国の生徒の入学／政治的行為、集会、デモを含む表現の自由／学年変更希望の過程／銃を許さない、安全な学校／健康に関する情報／高校の卒業要件／カリフォルニア州の英語学習関係のプログラムと評価／教育工学の開始／害虫に関する対処プログラム／学校安全計画／インターネットアクセス／学校をこえた運動競技部門／モバイルの適用／ニュースメディアへのアクセスと広告／差別拒否の言明／障害者法に関する通知／家族の教育権とプライヴァシーに関する法律についての通知／健康教育とカリフォルニア若者健康法（性教育、健康教育、HIV予防教育）の遵守に関する通知／看護師と家族のパートナーシップ／親とコミュニティのサービスのためのオフィス、親・家族のかかわり／転校の機会／親・家族のかかわりの方針／コンドーム使用プログラムに関する親・保護者への毎年の通知／親のポータルサイト／親の権利／生徒の転校の許可／体力テスト／損害賠償・親の責任／学校への安全な通学路／学校の説明責任カード／学校に基礎を置く医療サービス／学校での経験調査／居住地の学校／学校スケジュール／セクシュアル・ハラスメントに関する方針／特別支援教育・学校と家族サポート支援／生徒の事故保険／生徒の選択出席／通知表／通知表に関して、調査、再調査、異議申し立て／学校生徒の行為規範／生徒の探索／ホームレスを経験している生徒／他人に養育されている生徒／少年司法にかかわっている生徒／生徒の個人財産／障害をもつ生徒と特殊教育／Section504の下での障害をもつ生徒／一時的に障害をもつ生徒／虐待・ネグレクトの疑いと報告／停学と退学／タイトルIXと生徒／学校の移動バス／統一不服手続き／学校敷地の訪問者／William統一異議申し立て

　なお、最初の「出席について」のところ（欠席についての規定を定める）をのぞいて、原文ではABC順に書かれている。内容のまとまりごとの順序にはなっていない。以下に、主な項目についてのみを紹介する。

　「出席について」では、欠席の場合に10日以内に親・保護者が書類（医者などによる）の提出が義務付けられていること、欠席が認められる理由、例えば家の用事、子守、旅行、天候などは理由とならないこと、無断欠席の場合の通知規定などのルールが定められている。カリフォルニア州義務教育法（6歳から18歳までを義務教育と定めている）が引用されている。

　「いじめ（bullying）・新入生いじめ（hazing）対策方針」では、カリフォルニア州統一学区は「安全な市民の学習環境・労働環境を提供する」としていじめ・新入生いじめに強い反対姿勢を示している。いじめとは、「身体的、言葉による、社会的な、インターネットによる、容赦のない又は波及力のある行為、

振舞いであり、以下の内容の一つかそれ以上を含む。人、財産に対して合理的に恐れをもたせる、身体的・心理的健康に十分に有害な影響をもたらす、学業成績に十分な妨害をあたえる、学校に参加する、学校のサービス、活動、権利をうけるのための能力に十分な影響をもたらすこと」と定義されている。

「服装規定・ユニフォーム（Dress Codes/Uniforms）」では、「生徒の服装と頭髪については、生徒の表現の自由を学習環境の適切さ指針の範囲内で支持するもの」としていて、以下の規定を定めている。

1　すべての生徒は、個人の安全と学校活動における服装の適切性をよく考慮していることを示さなければならない。特別なプログラム、クラス、例えば理科の実験、木工実習、調理実習のような場合は、特別な服装が必要となりうる。安全や学業の面で特別な制限がかかる場合がある（例えば、ヘアネット、安全ゴーグル、ひらひらした袖、つま先の開いた靴）。にもかかわらず、盛装は生徒本人および他の生徒の健康を守る障害となるわけではなく、私的領域で着用される。私的領域では水着も含まれる。

2　ロサンゼルス統一学区および学校の方針としては、生徒のジェンダーに関する表現をする権利を認める。生徒は、伝統的に別のジェンダーとされてきた服装を着用することによって懲戒をうけたり、制限を受けたりすることはない。

3　地方の学校は学校のイベント（発表会、運動会、キャンペーン、祝典）におけるドレスコードを決めることができる。

4　下品な、性的に明示的な、差別的、卑猥な、中傷を含む、脅迫を含む、あるいは不法行為や暴力を含む内容（武器の違法使用、薬物、アルコール、タバコ、薬物吸引の道具）が書かれている衣服、装身具、個人的所有物（リュック、カバンなど）は禁止される。

5　髪の毛、ほおひげ、口ひげ、あごひげは、いかなる長さやスタイルにしてもよい。服装はいかなるファッション、スタイル、デザインでもよい。

6　生徒は宗教をしめす装身具や服装をしてもよい。それは以下のものを含み、それだけに制限はされない）。十字架、ヤムルカ（ユダヤ教の帽子）、頭にかぶるスカーフ、ターバン。

7　生徒は太陽の光から守る服装をしてよい。それは以下のものを含み、それだけに制限されない。学校がある日に外出時に使用する帽子。

8　信頼された国規模で認められた若者組織（例えば、ガール・ボーイスカウト、4H クラブ、ROTC）に参加する生徒は、その組織の会合があるときはユニフォームを着用することができる。

　各学校によって独自の服装規定、「任意の制服規定」を制定することはありうることを述べている。それは、LAUSD 学区の服装規定と法律、規則、判例に合致するものでなければならない。

　「生徒・学校の行為規範 (Code of Conduct)」では、「生徒は安全で尊重し合い、歓迎しあう環境のなかで教育をうける権利を有する」ゆえに、生徒および教職員の行為規範として、以下を定めている。

　学校における各人の原理
　・我々は尊重しあう。
　・我々は責任をもつ。
　・我々は違いを認め合う。
　・我々は正直である。
　・我々は安全である。
　・我々は生涯学習者である。

生徒は指導をうけて、以下のように行動する。

　・学校全体、教室の期待を学び、従うこと。
　・身体的・言葉による暴力を使うことなく、修復的に問題を解決する事。
　・落書き、武器、ドラッグのない、安全で清潔なキャンパスを保つこと。
　・積極的なロールモデルとなるようにし、積極的に学校環境をつくること。
　・いかなるいじめ、ハラスメント、偏見にもとづいた事故をも報告すること。
　・競技場でも運動場でもよきスポーツマンシップを示すこと。
　・学習のための道具を用意して、学習する準備をして時間通りに登校すること。
　・社会における活動は安全に行うこと。

　他にも生徒の権利にかかわる条項をみると、「**無償の公教育をうける権利**」は、「移民として、市民権の地位や宗教的信条にかかわりなく保障されていること」が明記されている。「**ホームレスを経験している生徒**」には、同様の無償で適切な公教育をうける権利があること、居住する権利についても言及している。

　「**携帯電話とそれ以外のモバイル機器**」においては、通常の学校の時間において携帯電話、それ以外のモバイル機器（カメラ、電子ゲーム、ラジオ、MP3プレーヤー、コンピューターデバイス、タブレットなど）は敷地内で電源を切ること、ロッカーに置くことなどを求めている。学校の時間前後、学校外においては自由である。学校外の時間の携帯電話使用がテスト期間など学校により禁止されることはありうるとしている。

　「**政治的行為、集会、デモを含む表現の自由**」では、学校キャンパス内においても政治的表現の自由活動に参加する権利を生徒は有していて、授業時間以外において集会や平和裏にデモを行う自由を有していることを規定している。生徒の言論、表現、行動は「卑猥、みだらな、誹謗、中傷」でない限り、財産の破壊や人を傷つけたり学校を潜在的に破壊するものでない限り、保障される。

　「**親の権利**」では、親（保護者）は子どもの成功と教育のための「対等なパートナー」とされ、親（保護者）の権利として、「子どもの教室を訪問し、教職員とパートナーシップを促進させる権利」「子どもにとって最も良い学校のプログラムを選ぶ権利」「学校職員とコミュニケートするための通訳サービスを頼む権利」などが挙げられている。

　親（保護者）の責任としては、「リテラシー、高い学力、学習への愛を高めること」「子どもを毎日時間通りに登校させて、学習の準備をさせること」「成功のための子どもの学業の進歩を観察し指導すること」「子どもの教育について教員や他の職員と話し合うこと」「子どもの教育について知らされサポートするために、会合や学習機会に出席すること」などが挙げられている。

　他にも、「親の権利」にかかわる事項を定めているところが多い。学校と親（保護者）の連絡に関しては、ポータルサイトによる連絡などが書かれている。

　「**親・家族のかかわりの方針**」で、学区と親（保護者）は強いパートナーシップを持つべきことが述べられている。学校にとって、「親・保護者は対等なパートナーであること」「親・保護者に、学習をサポートすることがよりできるような機会を提供すること」「効果的なボランティアプログラムを行うこと」

「親・保護者の関心に効果的に答えること」「親がかかわるあらゆることに、法令遵守をすること」が書かれている。

　親（保護者）には、生徒の教育記録を閲覧する権利がある。子どもの成績に間違いがあったときなどは、親（保護者）は成績変更の申し立ての権利を有する。メディアの取材のときは、写真をとる場合は親（保護者）の許可が必要となる。遠足の場合は、親による許可証を提出する義務がある。

　「懲戒の基本指針と学校環境権利章典 (school climate bill of rights)」では、学習環境の保持のための指針が述べられている。

　「学校環境権利章典」とは、2013年に別途定められたものであり、「安全で健康な学習環境の維持」のために、「教育時間を侵害する懲罰的なものではなく、積極的な行動介入 (positive behavior intervention) による規律の文化 (culture of discipline)」を発展させると述べている。援助・修復的（Supports/Restaurative）な実践が求められていて、停学処分はできるだけださないことが強調されている[3]。修復的とは、単に応報的な処分をするのでなく、生徒等の将来にむけて関係性などの修復を目指すものである。同文書は、小学生むけ、中等教育むけの両方がそれぞれ、英語、スペイン語、アルメニア語、中国語、韓国語版で作成されている[4]。

　「停学と退学」では、カリフォルニア州教育法では、停学 (suspension, 5 日以内)・退学 (expulsion, なお便宜上「退学」と訳出するが、アメリカでは停学をこえる期間から 1 年以内に期日を決めて行われることが多い) 処分を認めていること、公正な聴聞 (hearing) とすべてのデュープロセスが求められることが書かれている。

　停学・退学処分となりうる理由としては州法を引用して以下が挙げられている。

- ・他人を身体的に傷つける、傷つけようとする、傷つけようと脅迫すること。
- ・他者に故意に暴力をふるうこと。正当防衛の場合は除く。
- ・火器、ナイフ、爆発物、他の危険物を所持する、販売する、装置すること。生徒が校長あるいは代理人により認められた職員に書面によって所持を認められている場合を除く。
- ・アルコール飲料の所持、使用、販売、使用（中略）。
- ・強盗、恐喝をすること、しようとすること。

・学校の財産、私人の財産を破壊すること、しようとすること。

・学校の財産、私人の財産を盗むこと、盗もうとすること。

・タバコの所持、使用（後略）。

・わいせつ行為をすること、日常的に冒涜や下品な言葉を使うこと。

・薬物吸引器具の不法所持（後略）。

・学校全体の活動を中断させること（行政による停学のみ、退学はなし。4-12年生）。

・学校あるいは私人の盗品を知ったうえで受け取ること。

・火器（ピストルなど）の模造品を所持すること。

・性的な攻撃や性的な暴行をする、しようとすること。

・証言を求めている、あるいは生徒懲戒手続きにおいて証言しようとする生徒を、証言させないためにあるいは証言に報復しようとして、いやがらせ、おどし、脅迫すること。

・薬物（カリソプロドール）の処方箋を不法に提供する、販売をあっせんする、販売の交渉をする、販売すること。

・新入生いじめ（hazing）に参加する、参加しようとすること。

・いじめに参加すること、それはネット上のものを含む。とりわけ、小学生、小学生集団に対して。

・他人に身体的な障害という苦痛を与える、与えようとすることをほう助すること（停学のみ）。

・セクシュアルハラスメント（4-12年生）。

・嫌悪的な暴力行動をひきおこす、ひきおこそうとする、ひきおこすことを脅迫する、参加すること。

・直接学区の人、小学生に意図的にハラスメント、脅し、脅迫に参加すること（4-12年生）。

・学校の職員、財産あるいは双方に、テロを行うと脅迫をすること。

　懲戒処分が行われる範囲として、学校の安全な環境、学習のための環境を破壊する行為が明文化されているといえる。

　「タイトルIXと生徒」では、連邦法である公民権法タイトルIX（1972年に制定された性差別を禁止する法律）に言及して、「実際のあるいは自認する性別、性的指向、ジェンダー（ジェンダーアイデンティティ、ジェンダーの表現、結婚をしている

か、子育て、妊娠、出産、授乳、妊娠の誤認、妊娠の終了、それらに関する医学的状況を含む）、もしくは、実際のあるいは自認するこれらの特質をもった人と人（人々）とのつながりを理由に参加を拒否されたり、利益の享受を否定されたり、差別の対象となってはならない」とある。

　教育における男女平等が強調されているが、問題となることの例としては、運動競技、体育、うける教育、うける教育の方法、参加できるクラブ活動（extra curricular activities）などが挙げられている。

　「生徒とかかわる行為規範」 では、学校の教職員に推奨されないこととして、「ドアが占められている部屋で一人の生徒と性別に関係なく個人的に会うこと」「学校管理者が全員退出した後にも校内に生徒と残ること。演劇や音楽のリハーサルの場合などをのぞく」などが挙げられている。

2　アメリカの生徒規則の特色

　上記および他の学区、学校の生徒規則をみたところ、アメリカの生徒規則の特色としては以下の点が挙げられる。

（1）生徒の権利を詳細に明文で規定している点

　アメリカの生徒規則は、生徒の権利および責任、次いで親（場合によっては、教職員、学校管理者）の権利、責任についても明文化している。

　生徒規則における生徒の権利は「教育をうける権利」をはじめとして、市民としての表現の自由や信教の自由など、権利を明確に記載している。ある学区の冊子は、「生徒の権利」を以下のように定めている[5]。

- ・州法の規定およびメリーランド州およびプリンス・ジョージ・カウンティ郡教育委員会の準則、規則、規定に従った無償の公教育。
- ・安全で、ドラッグがない環境、高い水準が求められる学習環境における教育。
- ・意味のある言論、出版、集会、宗教の自由を享受する。
- ・学習、出席、懲戒手段におけるデュープロセス。生徒の無償で適切な教育をうける権利に影響をあたえるあらゆる問題にかかわって。
- ・教育上の記録を調査し、閲覧し、要求すること。

・（いじめなどの）予防、仲裁に関する教育へのアクセス。

　生徒の責任は以下のように定めている。

・教える、学ぶために、安全で通常の環境を保持すること。
・生徒の行動、学習に関して国の学校のあらゆる規則、規定を知り、従うこと。
・時間を守って登校し、毎日学習すること。
・遅刻欠席の際は親（保護者）が書いた書類を持って、学校にくること。
・学校の、課外活動において最善の能力を発揮すること。
・学校に従うこと。それは、学校の規則の規定のみならず、コミュニティ、州、国の法律に従うことを含む。
・肯定的に、敬意をもって学校職員の指示に従うこと。
・学校、学校の機能に即した服装規定に従うこと。
・理解を確かめるために、質問すること。
・行動には責任を持つこと。
・課外活動においては、高度な行動、振る舞い、スポーツマンシップを保持し、示すこと。
・他者の人格、物に対して尊重と思慮の念を示すこと。学校コミュニティのあらゆる構成員と協力する必要を理解すること。
・学習プログラムに適切な物だけを学校には持参すること。

　生徒の「表現の自由の行使」について、ある中学・高校の校則は以下のように定めている。[6]

　　生徒の意見を表現する自由は、民主主義の社会において重要な教育の一環である。生徒の口頭又は書面上の学校に対する意見の表現は、学校の活動を実質的に阻害しない、方針や手続きに反しない限り、推奨される。生徒は教室や集会において無作法な（vulgar）、侮辱的な（offensive）な用語を使用することは禁止される。

　「表現の自由」は認められるという大原則のもと、法に反すること、中傷、プライヴァシーの侵害、学習環境の阻害にかかわる表現の制限は行われる。他者の人権との衝突が生じる場合の制限である。

　アメリカの学校では、愛国的儀式（patriotic ceremonies）や「忠誠の誓い（pledge of allegiance）」と呼ばれる儀式が行われることがある。ミルウォーキー学区では「生徒の権利」の一つとして、以下のように規定を置いている。

　　愛国的儀式に参加することを拒否すること。州法の「いかなる生徒も本人のあるいは親（保護者）の拒否に反して、「忠誠の誓い」を暗唱することを強要されない。しかし、生徒は沈黙することによって、参加する別の生徒を尊重しなければならない。"Star Spangled Banner（アメリカ国歌、星条旗）"や他国の国歌が歌われているとき、着席している権利を有する。

　親・本人の思想・信条上の理由による拒否権を以下のように明文化している。

　　生徒は権利の享受者、行使者であり、それに伴って発生するものは「責任」である。生徒は安全な教育を受ける権利の享受者であると同時に、安全な学習環境を保持する責任の一部が生徒にはある。

　生徒の権利（rights）を述べると同時に、特権（privilege）という用語を使用する場合もある。例えば、「情報通信ネットワークの使用は権利でなく、特権である。……システムの管理者は使用について……あらゆる決定をすることができる[7]」という規則もある。アメリカで部活動にあたるものとしての課外活動（extra curricular activities）に関しては特権と位置付けられていて、成績要件などを満たした生徒にのみ参加が許可されることがある[8]。

（2）州法、判例などが引用されている点

　多くの生徒規則で、教育にかかわる州法が引用されている。ハンドブックが教育にかかわる州法の規定を生徒、親に知らせる働きも兼ねているといえよう。また、法律の延長線上に規則があることを示しているともいえる。
　上記の LAUSD の冊子でも州法であるカリフォルニア教育法（Education Code）がたびたび引用されている。「健康と安全法」、民法、刑法も引用される。他にも、連邦法である「アメリカ障害者法（APA）」「家庭教育の権利とプライバシーに関する法（FERPA）」「公民権法（title IX）」「学校区域の銃禁止法」などが引用されている。教育委員会の教育行政の方針、プログラム（インターネット使用統一方針、害虫対策統一プログラムなど）や連邦のプログラム（朝食、ランチプログラムなど）に言及していることもある。

　あくまで、連邦や州法や教育委員会の方針の下位規範として、それらを補完するものとして生徒規則は存在する。

（3）懲戒手続きに詳細な規定がおかれている点

　アメリカの生徒規則は懲戒手続きが極めて詳細である。停学・退学処分に関する手続きは大変厳格である。特に告知（notice）と聴聞（hearing）についての手続きは厳しい。

　ある学校の校則では、州法を引用してそれに従って懲戒処分、手続を行うことが述べられる[9]。長くなるが、手続きの規則を以下に引用する。

> ・学校からの排除は、停学、退学（通常、期限が定められる）という形式で行われる。
>
> 　停学とは、連続する学校日1日から10日までの学校からの排除である[10]。
>
> (i) 停学は校長またはその代理人により、決定される。
>
> (ii) 生徒がその理由を告げられ、それに応答する機会を与えられることなしに停学になることはない。学校コミュニティの健康、安全、福利が脅かされる場合には、停学を意図した前もっての告知は必要ない。
>
> (iii) 生徒が停学になったとき、親、学区教育長はすぐに書面にて通知される。
>
> (iv) 停学が3日を超える場合は、生徒と親は州法……が要求するインフォーマルな聴聞の機会を与えられる。
>
> (v) 停学はつづけて10日の学校日を超えてはならない。
>
> (vi) 停学が解除された生徒には停学の日数だけか、教師が学習が完了したと判断するまで補習に出席する。**あらゆる学習できなかったことに対応するのは生徒の責任である。**
>
> (vii) 生徒は停学の期間中、課外活動、野外旅行などあらゆる学校の活動に参加できない。野外旅行のための金銭は、学区がまえもって支払われた金額を負担する場合に限り返還できる。
>
> 　退学とは、教育委員会によって決定される、学校からの20日をこえる排除である。州法に基づく……あるいは永久の排除である。
>
> クラスからの排除──停学
>
> 1. 生徒はその理由を告知されることなく、学校内で停学となることはない。

2．親（保護者）には停学の期間中学校より意思疎通がなされる。学校内停学（謹慎）が連続した学校日10日を超える場合は、学校日11日より前に州法……に従って、生徒および生徒の親（保護者）に校長はインフォーマルな聴聞の機会が与えられる。

3．生徒の所属する学区は、学校内停学（謹慎）の期間に生徒の学習提供に関する責任を有する。

聴聞

1．教育とは法令上の権利である。生徒は学校から排除される場合は、あらゆる適切なデュープロセスの要素に守られなければならない。退学がある場合は、生徒は正式の聴聞をうける権利を有する。それはデュープロセスの根本的な権利である。

2．正式の聴聞はあらゆる退学処分に必要である。この聴聞は、教育理事会の管理職、正当に権限を与えられた委員会、学校理事会によって任命された聴聞に関して資格を持つ人によって行われる。聴聞が教育委員会の評議会、尋問官によって行われる場合、生徒を退学にするためには学校理事会全体の過半数の賛成が必要となる。

3．正式の聴聞には以下の手続きの要求を満たさなければならない。

　a　正式の聴聞には以下のデュープロセスを満たさなければならない。

　　(i) 公式な手紙による、生徒の親（保護者）に対する告訴の通知。

　　(ii) 聴聞の場所と時間は十分に通知されること。

　　(iii) 生徒または親が公開で行うことを要求しない限り、聴聞は非公開で行う。

　　(iv) 生徒は弁護士に代理される権利を有する。

　　(v) 生徒は自分に不利な証言をする証人の名前、証言となる言明や供述書の複写をみる権利を有する。

　　(vi) 生徒は証人に出廷してもらい、質問をする、反対尋問をすることを要求する権利を有する。

　　(vii) 生徒は自分で証言をする権利を有する。

　　(viii) 聴聞の記録は速記者か録音によって保存されなければならない。生徒は自分の費用負担によって複写する権利を有する。

　　(ix) 手続きは、合理的な速さで行われなければならない。

　b　生徒が聴聞の結果に同意しない場合、代替措置を州の適切な裁判所

で行うことができる。憲法的問題が含まれる場合、生徒は適切な連邦地裁に救済を要求することができる。

4．インフォーマルな聴聞の目的は、適切な学校機関に停学処分とされかねない状況あるいは停学処分とはならない状況について説明する機会を生徒に設けることである。

  a インフォーマルな聴聞は、生徒の親（保護者）が校長と将来の過ちが避けられるための方法を議論する場である。

  b インフォーマルな聴聞において、次のデュープロセスが要求される。

  (i) 停学の理由を書面によって、親（保護者）と生徒に通知すること。

  (ii) 聴聞の場所と時間は十分に通知されること。

  (iii) 聴聞の場におけるあらゆる証人に対して、生徒は質問する権利を有する。

  (iv) 生徒は自分のために証言する権利を有する。

  (v) 学区は停学機関の最初の5日以内に聴聞を行わなければならない。

聴聞手続

1．教育管理部の長あるいは、長に任命された人はすべての聴聞を主催する。

2．証言を強要されないこと、証言を拒否することは罪を認めたことにならないことを、告発された生徒、両親、弁護士に伝えるのは、議長の義務である。

3．聴聞は、告発された生徒、保護者、その弁護士が公開を希望した場合以外は非公開である。公開の希望は教育委員会に聴聞開始の24時間前までに書面で届けられなければならない。聴聞は以下のメンバーで行われる学校理事会あるいは同等の権利のある委員会のメンバー3名、学校理事会の弁護士、告発された生徒、その両親、その弁護士、かかわった人または学校理事会に呼ばれたすべての証人。証人は分離されることがある。

4．すべての証人は学校理事会の議長の前で誓約をする。

5．学校理事会、弁護士、生徒、その親、その弁護士はあらゆる証人に尋問、反対尋問をする権利を有する。

6．適切で相当な証拠のみが学校理事会によって考慮される。学校理事会にとってあらゆる関連する事実について聞くことができるようにする

ために、法的な証拠の厳格なルールがあらゆる機会に適用されるのではない。

7. 告発された生徒の過去の記録、付随する証言は、学校理事会が生徒の有罪、無罪を決定するまでは証拠として考慮されない。もし生徒が有罪であれば、学校理事会は懲罰を決定するために「過去の」学業および懲戒の記録を見る権利を有する。

8. 証人のあらゆる証言は、もし必要があったときに確認できるように、録音される。

9. 証言がおわったあと、告発された生徒、親、弁護士は15分以内で証言、議論の総括を行うことができる。

　停学処分、さらに退学処分となると非常に詳細な手続きが定められている。あらかじめ明文で定めておくことによって手続きを保障するとともに、恣意的に行われることを防止するものといえる。さらに、懲戒処分の対象と処分の目安が示されることもある。ある学校では、懲戒のレベルを分けている（レベル1　親・保護者と面談　レベル2　課外活動、休憩、放課後の活動からの排除、レベル3　学校内、学校外における停学と再学習、委託）、レベル4　退学、後日に退学、再学習、委託）、レベル5　退学命令　レベル6　1年間の退学命令）。そして、例えば「教室から許可なく抜け出すこと」は初犯・軽微な場合はレベル1-2、再犯・重大な場合はレベル2-3である。「武器、火器」はいかなる場合もレベル6である[11]。

（4）服装規定が存在する点
　アメリカの中等学校は制服を定めていない場合がほとんどである。生徒規則は、ほとんどのものが生徒の服装に関する規定をおいている。ある高校の「服装規定」は以下のとおりである[12]。
　生徒の服装および外形に関しては、**第一に生徒と親の責任である**。生徒の服装規定は、自分および他の生徒を尊重するだけの肯定的な学校の雰囲気を作り出し、懲戒の問題を減らし、効率的な教授・学習ができるように学校の安全を保持することを目的とする。
　4つの基礎的な規則の指針は以下のとおりである。

　a．適切

　　b．清潔
　　c．健康と安全
　　d．適切な学習環境の保持

学校での服装については、以下のガイドラインを見ておくこと。

1．アルコール、武器、タバコ、ドラッグを推奨する服装、アクセサリー
　　は学校では許可されない。

2．不適切な単語、中傷、スローガン、ロゴ、卑猥なもの、シンボル、お
　　よび二重の意味を持つもの（double meaning）を示す衣服、アクセサ
　　リーは学校では許可されない。

3．縁のある帽子、サンバイザー、バンダナ、はちまき、ヘッドギア、
　　フード、サングラスは学校での着用は許されない。宗教を示すのでは
　　ないあらゆる頭を覆うものは、**学校につく前にはずして、生徒用ロッ
　　カーにいれること。**

4．上着（長いコート、重いジャケット、手袋、スカーフなど）は学校内では着
　　用しないこと。フリースやスウェットシャツは他の規定に反しない限
　　り、許可される。

5．パジャマ、寝間着、部屋着、スリッパは学校で着用しないこと。

6．あらゆる服装は、**下着が見えないように**適切に着用すること。それが
　　できないことは、不作法である。
　　・マッスルシャツ（袖なしのシャツ）、スリーヴのないシャツ、タンク
　　　トップは下着とみなされる。その上か下にもう一枚シャツを着なけれ
　　　ばならない。
　　・ズボンは、下着が見えないように着なければならない。
　　・ズボンは、着用者の指先より上は、腕を伸ばした時に穴があいていた
　　　り、裂けていてはならない。

7．**シャツ、トップスはショートパンツ、パンツ、スカートのなかにいれ
　　られる十分な長さでなければならない。**

8．ショートパンツ、スカートは、着用者が腕と手を伸ばした時に指先ま
　　で届くものでなければならない。

9．安全の障害となることを示す、気を動転させる、あるいはそうみなさ
　　れる衣服は学校では許可されない。

10. 宝石、アクセサリーは武器とみなされる場合は許可されない。それは、チェーン、チョーカー、指輪、ブレスレット、それ以外のものをも含む。
11. 不適切なイメージ、ドラッグ、セックス、アルコール・タバコ製品を示すタトゥーは学区にいるときは常に、露出させてはならない。
12. 見えるところにある、体につけるピアスは学校管理者がみて度を越すものであってはならない。

多くの学校、学区で学習環境の保持のために、わいせつ表現や人種差別表現、アルコールやドラッグに関する表現を含む服装は禁止される。過度の露出をする服装も禁止される。ただし、宗教的な表現を含む服装は認められている。

あくまで、「自分および他の生徒を尊重するだけの肯定的な学校の雰囲気を作り出すため」「効率的な教授・学習ができるように学校の安全を保持する」といった目的の範囲内の規制である。学習の場である学校において、他の生徒や教師の気分を害するものは規制の対象となる。規制目的がそうであるゆえ、「露出させていないタトゥー」などは禁止されない。

（5）マイノリティに配慮されている点

人種・性差別に関しては多くの場合に明文による禁止規定がおかれている。「差別拒否（non discrimination）の方針」を、明記しているところが多い。ある学区の生徒規則は以下のとおりである。[13)]

人種、皮膚の色、国籍、性別、性的指向、性自認、家系、年齢、宗教的信条、障害、ホームレスの状態にあること、妊娠中を含めて結婚あるいは親であること、その可能性にかかわりなく、すべて平等に教育、課外活動の機会を保障する。
いかなる生徒も性別や性的指向に基づいて、学習プログラム、活動、サービス、恩恵への平等なアクセスを拒否されることはない。いかなる権利、特権、利点を行使することを制限されたり、アクセスを拒否されることはない。

さらに具体的には、親の宗教的信条などに配慮して、子どもの教育課程の一部拒否が認められている。既に触れた LAUSD では、カリフォルニア州法を

引用して、動物が使用される理科の実験に道徳的に反対する場合には、親（保護者）による書面に基づき、参加を免除される、代替の教育をうけることが認められる。健康（性）教育および、AIDS教育に関しては、その内容を詳細に定めているが、それに同意できない親（保護者）が書面提出により拒否することを認めている。AIDS・HIVに関する教育にかかわって学校でコンドームを受け取ることも、親・保護者は同様に拒否できる。さらに、給食に食事の選択の余地（宗教上の理由で食べることができない生徒への配慮）および菜食主義者（ベジタリアン）への配慮が書かれてもいる。

　他にも、予防接種については「親の宗教上の信条に基づいて、拒否する場合は書面を提出すること」という規定がある場合もある。

（6）武器（銃、ナイフなど）、薬物問題に配慮されている点

　アメリカの生徒規則において、退学などを含めた処分が予定されているものは、武器（銃やナイフなど）の所持[14]および薬物である。生徒が安全に教育をうける権利を侵害するものとして、重い処分が予定されている。

　多くの学校でアルコール、タバコのみならず薬物禁止規定をおいている。学校でどうしても薬を飲まなければならない場合、処方箋や許可証が必要となる規程も存在する。

　「ゼロ・トレランスポリシー」を掲げているところもある[15]。それはほとんどの場合、「深刻な懲戒事由」においてのみに適用を定めている。「トレランス（許容）なく」という方針は、武器や麻薬の所持はそれにあたる場合が多い。それ以外の場合、「生徒の年齢、状況、情状を考慮する」と明記しているところもある[16]。

　例えば、ある学区の規則では、学区があるペンシルベニア州の刑法違反でもある武器の所持および暴力行為については、学校内、学校への往復時、学校が支援する活動をとわず警察への通報、刑事処罰の対象となる。武器とはナイフや、火器などと定義されている。ただし、「学習の必要性のために持参した場合」などは例外とされる[17]。

おわりに

　アメリカの生徒規則は極めて詳細である。アメリカが「法にたよる社会」で[18]

あることを反映していると考えられる。それは、生徒の権利を保障するためであって、制限するためではない。明文であらかじめ定めておくことによって、権利が恣意的に制限されることを防いでいる。おそらく、法的な文章を執筆する担当者がいるのであろう。また、権利の制限に関しては、安全に教育を受ける権利が保障されるためという目的が示されている。

また、連邦最高裁の判決を踏まえている内容も多い。リソースとして判例集を掲載しているハンドブックもある。[19] 生徒の権利に関しては、「忠誠の誓い」の拒否が明文化されているのは、1943年のバーネット事件では、エホバの証人の生徒が信仰上の理由で国旗への敬礼を拒否し、州法と学校区規則の執行の差し止めを求めて、認められた。1969年のティンカー事件では、ベトナム戦争の戦死者を悼むことを意味する黒い腕章を校内で着用することが「生徒あるいは教師は言論・表現の自由という憲法上の権利を校門で捨てることはできない」ことを理由に認められた。1986年のフレーザー事件では「下品でわいせつな演説をした」生徒への懲戒が認められた。

生徒の懲戒処分についての手続きが詳細に定められているのは、1975年のゴス事件（告知と聴聞を経ない停学処分を憲法違反とした）など最高裁判例の影響をうけてもいると考えられる。停学・退学処分は、生徒の教育をうける権利を制限するものであり、特に退学処分には慎重な手続きが求められる。

アメリカの生徒規則は法令や判例の範囲内で生徒の権利を保障するものとして、書かれているといえる。内容が煩雑と思われるところもあるが、それは生徒の権利を明確に保障するために、誤解の余地が生じないように細かく書かれているものと考える。

注

1）関連する文献として、例えば以下のものがある。上原崇『アメリカの生徒の権利と義務』東信堂、1984年。小泉栄司『中学・高校生の生徒指導』小学館、1989年。アメリカ自由人権協会編著（青木宏治・川口彰義監訳）『生徒の権利』教育史料出版会、1990年。マッカーシー・マカベ（平原春好・青木宏治訳）『アメリカ教育法』三省堂、1991年。高橋健男『アメリカの学校　規則と生活』三省堂、1993年、佐藤洋「アメリカの学校の校則と処罰について」『哲学と教育』第41号、1993年、68-81頁。船木正文「アメリカ・テキサス州の生徒排除処分と代替教育プログラム」『季刊教育法』第129号、2001年、55-59頁。丸岡修「アメリカの中学校校則についての一考察」『神戸学院女子短期大学紀要』第34号、2001年、145-166頁。野倉正人「米国における『生徒ハンド

ブック』に関する一考察」『アメリカ教育学会紀要』第16号、2005年、36-46頁。片山
紀子「アメリカの生徒用ハンドブックをめぐる歴史的考察と今日的意義」『大阪女子短
期大学紀要』第29号、2004年、59-68頁。片山紀子「米国における学校規律の構築に向
けた戦略」『大阪女子短期大学紀要』第29号、2004年、15-25頁。

2 ）　Parent-Student Handbook, 2020-2021, Los Angeles Unified School District Board
of Education（https://achieve.lausd.net/site/handlers/filedownload.ashx?moduleins
tanceid=40565&dataid=95848&FileName=Parent_Student_Handbook_2020-21_-_
English.pdf　2021年3月20日最終確認）.

　　　なお、坪井由実『アメリカ都市教育委員会制度の改革』（勁草書房、1998年、360頁）
に1983年当時のロサンゼルス学区『生徒の権利と責任』の抄訳が、大津尚志「アメリ
カ合衆国における生徒規則」（『季刊教育法』第135号、2002年12月、84-89頁）に2000
年当時のハンドブックの紹介がある。なお、2000年と2020年のものを比較すると、新
たに性的少数者への配慮、Covid-19に関する記述が含まれるなどの変化がみられる。

3 ）　修復的な指導について邦語文献では、船木正文「ゼロ・トレランス批判と代替施設
の模索」『季刊教育法』第153号、2007年、28-33頁。竹原幸太『教育と修復的正義』成
文堂、2018年。山本宏樹「校則指導の新たな視点――生徒指導の法化と修復的実践
――」『季刊教育法』第204号、2020年、22-29頁。

4 ）　Positive Behavior Interventions and Suports/Restorative Practices（https://
achieve.lausd.net/Page/12519　2021年3月20日最終確認）.

5 ）　Students Rights and Responsibilities Handbook（https://offices.pgcps.org/
student_rights_responsibilities.htm　2021年3月20日最終確認）.

6 ）　Students Rights and Responsibilities Handbook 2020-2021（https://docushare.
everett.k12.wa.us/docushare/dsweb/Get/Document-23084/　2021年3月20日最終確
認）.

7 ）　East China District 2019-2020 High School Handbook（https://eastchinaschools.
org/wp-content/uploads/bsk-pdf-manager/2019/09/2019-20-Secondary-Handbook-
final.pdf　2021年3月20日最終確認）.

8 ）　Agoura High School Student Handbook（https://www.lvusd.org/Page/970
2021年3月20日最終確認）.

9 ）　Fleetwood Area High School（https://www.fleetwoodasd.k12.pa.us/userfiles/
83/my%20files/student%20handbook%202018-19.pdf?id=3970　2021年3月20日最終確
認）.

10）　アメリカでは、停学・退学などの定義は州、学区によって異なる。

11）　Portland Public Schoools（https://www.pps.net/cms/lib/OR01913224/Centrici
ty/Domain/5007/SRRD-Handbook-Final-English-08262019.pdf　2021年3月20日最終
確認）.

12）　Ibid.

13)　Ibid., (7).

14)　邦語文献では、宇田光「米国での学校安全への対応(1)」『南山大学教職センター紀要』第1号、2017年、15-29頁。

15)　邦語文献では、船木正文「ゼロ・トレランス批判と代替施策の模索」『季刊教育法』第153号、2007年、28-33頁。船木正文「ニューヨーク市生徒懲戒方針の改革」『大東文化大学紀要　社会科学』第55巻、2017年、1-16頁。船木正文「アメリカ合衆国のゼロ・トレランスをめぐる近年の展開と民主主義」『教育学研究紀要』(大東文化大学) 2017年、47-63頁。宇田光「米国での学校安全への対応(3)」『南山大学教職センター紀要』第4号、2019年、17-30頁。竹原幸太『教育と修復的正義』成文堂、2018年など。

16)　Conestoga Valley School District Student Handbook (https://www.conestoga valley.org/Page/304　2021年3月20日最終確認)。ゼロ・トレランスについては第5章で触れたが、軽微な違反について「例外を一切認めない」というポリシーではない。

17)　Ibid.

18)　藤倉皓一郎「アメリカの法文化を考える」『同志社アメリカ研究』第22号、1986年、171-176頁。

19)　Know your rights, A handbook for public schools in Pennsylvania. なお判例に触れる邦語文献としては、野倉、前掲論文。千葉卓『教育をうける権利』北海道大学出版会、1990年。中川律「アメリカの公立学校における生徒の憲法上の権利」『法学研究論集』第22号、2005年、1-21頁。大沢秀介ほか編『アメリカ憲法と公教育』成文堂、2017年、など。

むすびにかえて

　これまで、校則について、歴史的に、実態的に、法・判例的に、多国間比較的にみてきた。

　歴史的にさかのぼると、そもそも生徒心得としてはじまった道徳的規範が、今日の校則となっていること、すなわち道徳規範と規則の混同が今日に至ってもみられるという問題がうかびあがる。道徳的規範としてはじまったものが、いつのまにか「外形的規範」として運用されるようになり、服装や頭髪に関して過剰なまでの規定がおかれていた時代があった。1990年代からの「校則の見直し」は文部省の方針をうけて全国で行われてある程度の成果がでていることは判明している。しかし、いまだに不要な方向に「細かすぎる校則」が存在することはある。今日では学校の生徒手帳のうえでは「生徒心得」の文言が残っていることも少なくないが、校則という語句が日常的にも使われることのほうが多い。ゆえに規則であるという受け取られ方がされていると考える。

　校則が「時代にそぐうもの」となっていないという批判がある。「丸刈り」校則はさすがに今日ではほとんどみられなくなっている。携帯電話や SNS などの規定をおいているところもあるが、そうでない場合もある。また、近年学校に「外国にルーツを持つ子ども」が在学することが増加しているという問題がある。[1]「多文化共生」と校則は果たして両立できているであろうか。

　校則に改正手続きが明記されていることはほぼない。それでは、生徒が改正すべきという声をあげようと思ったところでそもそもどうしてよいかわからない、という問題が発生する。自分たちにかかわる規則を自分たちを含めて決めるということは、主権者教育の実践でもある。生徒、保護者、教職員の三者で協議会をひらき、校則の見直しを行うということも行われている[2]が、少数にすぎないといわざるをえないであろう。

　校則の曖昧性という問題がある。服装規定にある「華美でないもの」という文言を規則とうけとると、どこまでが「華美なのか」という主観の問題がはいってしまう。10代の生徒と40代、50代の教師では意見の一致をみなくなるのは、むしろ当然ではないだろうか。かつて、「質実剛健」の校風がいわれたことがあったが、今日「質実剛健」という言葉をきいたことがある高校生がどの程度いるだろうか。今日問題となりがちな校則の規定には、歴史的に由来のあ

るものが多々見受けられた。校則が「規則」なのであれば、その条文に曖昧性がゆるされないなど、条文の書き方に問題があると思われるところは少なくない。それは再点検の必要があり、今後も条文の書き方に注意をはらう必要があるのではないか。

「規則だから守りなさい」という「校則のための校則」といった指導が行われることがある。「校則を守れないものは、社会にでてもルールを守れない」といわれることがある。もちろん、社会のルールを守ることは必要である。しかし、社会のルールにせよ日本国が制定している法律にせよ、不合理な場合に改めようとしてはいけないわけではない。法律が不合理な場合に改めようとすることは、主権者たる国民としてむしろ当然のことである。

「校則を守る」ことが自己目的化する指導が、これまでに多々あったといわざるをえない。頭髪や服装に関する規則、例えば「セーターは黒、茶色」がある場合、なぜ、白はいけないのかという問いに対する合理的説明はおそらく不可能であろう。例えば「本校は……大半の生徒は就職する。このことから、いつでも面接試験に臨むことができる頭髪、身だしなみを保つこと」のように、そのような規定が存在する理由を書いていることはごくわずかである。もっとも、規則に書かないで指導のうえで口頭で説明されている可能性はある。また、上記の校則は規定がある理由は説明しているとはいえ、例えば教員の側も「いつでも教員採用試験の面接に臨むことができる」ように出勤している教員はおそらく皆無であろうということからも、説得力は感じられない。

校則の法的性質については、これまで① 特別権力関係説② 附合契約説③ 在学契約説、という説明がされてきた。①は学校という営造物に必要な規則は設置者が制定し、利用者（児童・生徒）との関係には特別権力関係が形成されるとする説、②は保険契約のように、契約の当事者の一方が決めたことに他方が事実上従わなければならないとする説、③は在学関係は学校設置者と生徒等ないしその保護者との間で契約によって成立するという説である[3]。

「校則の内容は在学契約の内容である以上、生徒に現在ある校則を改訂し新たな校則を制定する権利が認められることは自明である[4]」という見解がある。さらにいえば、在学契約であれば契約の主体は個々であるから、入学時に在学契約の一部を拒否する自由はないのであろうか。例えば、制服はすべて標準服とし、どのような服装を選択するかは個人の自由とすべきという見解がある[5]。着用すべき服装をどうするかが在学契約の一部だとすれば、契約の当事者は

個々の生徒（生徒が未成年の場合は保護者）であり、それに応じない自由はあると考えられる。

　校則裁判については、本書では2021年2月の最新の大阪府立高校の地裁判決に触れることができた。校則の制定権を極めて広くとる、生徒の人権の制限の問題について触れていないなど、問題が多いと考える。本件の控訴審が始まったばかりであるが、今後の動向に注目する必要がある。

　海外との比較をみると、これまでの議論をふまえて仏米比較を行う。仏米ともに見られる点として生徒の権利が明確に書かれていることが挙げられる。その背景として義務、責任についても言及している。また、校則、生徒規則のなかに法律、政令、判例などが引用されているということがある。校則は法令などを補完するものとして位置づけられている。いずれも学校が「生徒の教育をうける権利をみたす場所」として適切に機能するためのルール、共同生活を円滑に送るためのルールとして存在するものであって、「規則のための規則」といったものではない。無用と思われる方向に詳細なわけではない。これらは、いずれも日本の校則にはない点である。

　生徒の懲戒規定に関しては、いずれも退学など重大な処分を行う場合には仏米ともに特別な規定をおいている。懲戒評議会という生徒参加も含めた手続きを要求するフランスと、告知・聴聞など刑法犯と同様なほどの手続きを要求するアメリカという違いがある。

　仏米の相違点として、共和国の価値（自由、平等、他者の尊重、ライシテなど）の共有を強調するフランスと、人権の手続き的保障を強調するアメリカという対比がある。それは、制定法主義をとる国と判例法主義をとる国との差異を反映しているとも考えられる。

　宗教に関する規定（ライシテ、厳格な分離を説き、宗教を示す標章（イスラームのスカーフなど）を学校に持ち込むことを禁止するフランスと、多文化に比較的寛容で許容するアメリカ）の違い、教育課程の一部拒否は、身体的事由により体育の拒否のみが例外というフランスと、性教育など思想信条上の拒否を認めるアメリカという差異がある。

　ところで、日本の校則についてであるが、日本教育史の専門家である辻本雅史は江戸時代の教育に触れる著作で興味深い指摘をしている。辻本によると、「日本の伝統的な教育の観念や文化に深く根ざしている……礼法文化」[6]を土壌として校則は成立している、すなわち校則は「礼」の体系を教えるものであり、

礼にかなった正しい身体活動を維持することが正しい心状態をもたらす、身体の規律化を通じての心の規律化をはかるという道徳教育の役割を果たしているという。「型」にはめこむことが、学ぶための「心のありかた」に作用すると考える。

そして辻本氏は、校則がその役割を果たすにはやはり、校則が生徒たちを納得させる思想と論理に基づく必要があるという[7]。今日において、学習にふさわしい「礼法」としての頭髪・服装の指導というからには、生徒の納得のいく説明の必要はあると筆者も考える。

辻本氏の指摘から20年以上たった今日において、日本社会の法化はすすみ、校則が礼法でなく規則として運用される方向により進んでいる。「服装の乱れは心の乱れ」という言葉がある。服装に関する規定が「心の安定」につながるという運用がされているのか、ただ些細な規則を設けて管理のための手段になっているのか。校則が長らく、あるいは今でも「生徒心得」と呼ばれていることからして、「心得」として「型」を守ることにより、学習にはいる態度を整えることが学力の向上につながることがあるのか。そのねらいが全く実現されないとまでは筆者は考えないが、もしそうだとすれば少なくとも生徒に対して趣旨を説明する必要性はあるのではないか。

筆者は、服装や髪型は100パーセント自由であるとは考えない。学習環境の保持や他の人に不快感を与えない範囲での規制はありうると考える。身だしなみに規制をするとしても、例えば「教室内の環境を害さないため」という規制目的を示す必要は、生徒から納得をうけるためにはあるといえよう。

校則とは多くの中学生・高校生について「生徒手帳に書いてあるもの」であって、実は「読んだことがない」生徒も少なくないかと思われる。校則についての学習が行われる、自分で学級や学校のルールをつくる取組も行われる、「中学1年生にむかって校則のよいところを説明してください」という問いが中学の終了試験で出題されるというようなフランスの動向を参照するのは有益と考える。日本の教育課程では、中学校学習指導要領（特別の教科道徳編）に「遵法精神、公徳心」の項目があり、「法やきまりの意義を理解し、それらを進んで守るとともに」とあり、同解説に「中学校の段階でも、入学して間もない時期には、法やきまりに従えばそれでよいと考え『ルールだから守る』と法やきまりを他律的に捉えている生徒が多い[8]」と書かれている。「きまりの意義の理解」のために、生徒にとって最も直接かかわる校則は恰好の学習材料になる

はずだが、道徳科検定教科書に校則は登場しない。校則を道徳、社会科（法教育）、特別活動の一貫として位置づける試みは行われているが、おそらく少数といわざるをえないであろう。さらに、校則が「きまりだから守るように」の一点でのみ指導されているのだとすれば、生徒が他律的にとらえるようになるのはむしろ当然であろう。さらに、改正規定が書かれていない場合がほとんどであり、「校則は場合によっては改めることができるもの」という観念のない生徒も多いであろう。第3章でみたように、校則が修正される際に生徒の意見が聴取される場合の割合はここ30年の間に変化していない。

　生徒にとって身近な問題である校則自体について考えること、学習することは、法教育のみならず、道徳教育、市民性教育、主権者教育などさまざまな方面につながるところである。

　校則に関して余分な規定が多く、それが教員にも生徒指導に多大な負担を課している点があるといわざるをえないであろう。中央教育審議会からも「働き方改革」がいわれるなか[10]、校則を遵守させるために莫大な時間が割かれている問題はないであろうか。中央教育審議会の答申は、生徒指導に係る業務の負担の大きさを問題にはしているが、校則や生徒心得には言及していない。校則を「全廃」したところで、大きな問題は生じないという実践例もある[11]。

　校則について考えるべき論点は、さらに多く存在するといわざるをえない。

注
1）　南雲勇多「外国につながる子どもと学校のルール・校則」『季刊教育法』第204号、2020年、38-45頁。大津尚志「外国にルーツをもつ子どもたちの育成支援」（伊藤良高ほか編『子どもの豊かな育ちを支えるソーシャル・キャピタル』ミネルヴァ書房、2018年、241-256頁）。
2）　船越勝・南洋平「高等学校における校則の見直しと三者協議会」『和歌山大学教育学部紀要　教育科学』71巻、2021年、73-82頁。宮下与兵衛「生徒参加による学校運営と民主主義」『教育』第773号、2010年、31-37頁。小池由美子『学校評価と四者評議会』同時代社、2011年、など参照。
3）　中村睦男・永井憲一『生存権・教育権』法律文化社、1989年、219-220頁（永井執筆）。日本弁護士連合会『子どもの権利マニュアル』こうち書房、1995年、109-110頁。日本弁護士連合会子どもの権利委員会『子どもの権利ガイドブック（第2版）』明石書店、2017年、83-85頁。「校則問題を考える」『ジュリスト』第912号、1988年、4-17頁、5-6頁（塩野宏発言）、など。
4）　日本弁護士連合会『子どもの権利マニュアル』こうち書房、1995年、128頁。

5）　内田良「コロナ禍が校則を動かした」『教育と医学』第803号、2021年、22-26頁参照。

6）　辻本雅史『「学び」の復権』角川書店、1999年、224-234頁。

7）　同上、235-236頁。

8）　『中学校学習指導要領解説　特別の教科道徳編』教育出版、2018年、44-45頁。

9）　例えば、山本智也「憲法の基本原理から『ブラック校則』問題を考える」『社会科教育』第56巻10号、2019年、88-91頁。

10）　中央教育審議会答申（2019年1月25日）「新しい時代の教育に向けた持続可能な学校指導・運営体制の構築のための学校における働き方改革に関する総合的な方策について（答申）」。

11）　「校則の見直し」期前のものとして、加藤宣彦『中学校にとって「生徒心得」とは何か』明治図書、1984年。最近のものとしては、西郷孝彦『校則なくした中学校　たったひとつの校長ルール』小学館、2019年。「校則のない学校レポート」『総合教育技術』2018年6月号、56-59頁。

あ と が き

　校則に関する文章を最初に書いた時から、ほぼ20年がたっていた。最近、校則への関心が再びでてきたので、旧稿を大幅に書き改めたものと、筆者が最近かいたものをベースに一冊の単行本を書かせていただいた。筆者が校則についてこれまでに書いたもののうち主なものの初出は以下のとおりである。現在の状況に適合させるために、あとかたもなく書き直しているところもある。

　「フランスの中等教育機関における校則」『フランス教育学会紀要』第13号、
　　　2001年、49-60頁。
　「アメリカ合衆国における生徒規則」『季刊教育法』第135号、2002年、84-
　　　89頁。
　「校則の仏米比較」『高校生活指導』第166号、2005年、116-123頁。
　「校則、制服着用と生徒指導」『月刊　高校教育』第41巻第2号、2008年、
　　　66-71頁。
　「高校の『校則』に関する一考察」『教育学研究論集』（武庫川女子大学）第
　　　15号、2020年、36-44頁。

　研究の世界に入って、これまでフランス教育学会の先生方をはじめとして多くの先輩の先生方や関係する方々に学恩をいただいた。特に小野田正利先生（大阪大学名誉教授）には、基本的なことからご指導をいただいた。先生は今では日本のことのみを書かれるようになられたが、かつて行っておられたフランス生徒参加研究について、（私が勝手にそのように自称して）より最近の動向を追っているつもりである。それは、私には力不足な役回りとは思う。他にもお世話になったすべての方のお名前を挙げることは不可能であるが、前職に在職中にお世話になった、加藤良子先生（元中央学院大学教授）、これまで多くの共同執筆機会を与えていただいた中谷彪先生（大阪教育大学名誉教授）、伊藤良高先生（熊本学園大学教授）のお名前を挙げさせていただくとともに謝意を申し上げたい。

　現在、勤務をさせていただいてる武庫川女子大学・学校教育センターでは、講義をすることを通して多くのことを学んでいる。中学や高校での校則に関す

る記憶がまだ新しい学生からは、講義や提出物などを通してさまざまなことを学ばせていただいている。2021年3月まで、学校教育センター長をされていた田中毎実先生（元武庫川女子大学教授・京都大学名誉教授）には多大な学恩をいただいていることを書かせていただきたい。先生の学問に対する姿勢からは、多くのことを学びとらせていただいた。また、後進の者のことを考えてくださる先生の御恩には、必ずお答えしたい。次はフランスのことだけで、単行本を出版したいと考えている。

　なお、特に2020年度はコロナの影響で大学図書館が使用できないことが多いなか、各地方自治体の公立図書館、国会図書館、野間教育研究所図書館などでの資料収集は実りの多いものであった。

　本研究は科学研究費補助金（20K02808、代表者：大津尚志）の成果の一部である。また、これまで多くのことでお世話になっているうえ今回も出版をさせていただいた、晃洋書房、特に丸井清泰氏、佐藤朱氏にも御礼を申し上げたい。本書がどこかで、なにかの役に立つことがあれば望外の喜びである。

　最後に私事で恐縮ではあるが、研究の道にすすませてくれた父・故大津一郎、母・大津昭子に謝意を申し上げたい。

　2021年3月30日

大 津 尚 志

参 考 文 献

池田賢市『学びの本質を解きほぐす』新泉社、2021年。

市川須美子『学校教育裁判と教育法』三省堂、2007年。

井上晃『セーラー服の社会史』青弓社、2020年。

岩木勇作『近代日本学校教育の師弟関係の変容と再構築』東信堂、2020年。

内野正幸『教育の権利と自由』有斐閣、1994年。

上杉賢士『「ルールの教育」を問い直す』金子書房、2011年。

大津尚志「フランスの中等教育機関における校則」『フランス教育学会紀要』第13号、2001年。

―――「アメリカ合衆国における生徒規則」『季刊教育法』第135号、2002年。

―――「校則の仏米比較」『高校生活指導』第166号、2005年。

―――「フランスにおける『共和国の価値・象徴』に関する教育」『教育制度学研究』第14号、2007年。

―――「小学校およびコレージュにおける公民教育」武藤孝典・新井浅浩編『ヨーロッパにおける市民的社会性教育の発展』東信堂、2007年。

―――「フランスの中学（コレージュ）における憲法教育」『中央学院大学人間・自然論叢』第26号、2008年。

―――「校則、制服着用と生徒指導」『月刊高校教育』第41巻第2号、2008年。

―――「フランスにおける生徒・父母参加の制度と実態」『教育学研究論集』第7号、2012年。

―――「ヨーロッパにおける高校生団体と主権者教育」『高校生活指導』第201号、2016年。

―――「フランスにおける学校参加制度」『人間と教育』第89号、2016年。

―――「フランスの高校と18歳選挙権」『民主教育21』第10号、2016年。

―――「フランスのアクティブ・シティズンシップ教育」、白石陽一・望月一枝編『18歳を市民にする高校教育実践』大学図書出版、2019年。

―――「高校の『校則』に関する一考察」『教育学研究論集』第15号、2020年。

―――「フランスにおける生徒の権利と学校・社会・政治参加」、勝野正章ほか編『校則、授業を変える生徒たち』同時代社、2021年。

―――「フランス」柳沼良太ほか編著『諸外国の道徳教育の動向と展望』学文社、2021年近刊。

荻上チキ『いじめを生む教室』PHP研究所、2018年。

荻上チキ・内田良『ブラック校則』東洋館出版社、2018年。

越智康詞「校則」教育思想史学会編『教育思想事典（増補改訂版）』勁草書房、2017年。

小野田正利『教育参加と民主制』風間書房、1996年。

勝元一成・藤田昌士「『校則・心得』を見直す」、竹内恒一・中野光・国民教育研究所編『新

しい生活指導の実践』一ツ橋書房、1988年。

加藤宣彦『中学校にとって「生徒心得」とは何か』明治図書、1984年。

神谷拓『運動部活動の教育学入門』大修館書店、2015年。

川中大輔「シティズンシップ教育と道徳教育」荒木寿友ほか編『道徳教育』ミネルヴァ書房、
　　2019年。

川原茂雄『ブラック生徒指導』海象社、2020年。

木村草太『木村草太の憲法の新手②』沖縄タイムス社、2019年。

工藤勇一『学校の「当たり前」をやめた。』時事通信社、2018年。

小池由美子『学校評価と四者評議会』同時代社、2011年。

小林哲夫『高校紛争1969-1970』中央公論新社〔中公新書〕、2012年。

西郷孝彦『校則なくした中学校　たったひとつの校長ルール』小学館、2019年。

斎藤一久編『高校生のための憲法入門』三省堂、2017年。

斉藤利彦『競争と管理の学校史』東京大学出版会、1995年。

斉藤利彦編『学校文化の史的研究』東京大学出版会、2015年。

坂本秀夫『生徒心得』エイデル研究所、1984年。

————『「校則」の研究』三一書房、1986年。

————『生徒規則マニュアル』ぎょうせい、1987年。

————『校則の話』三一書房、1990年。

————『こんな校則　あんな拘束』朝日新聞社、1992年。

————『校則裁判』三一書房、1993年。

佐藤秀夫編『日本の教育課題2　服装・頭髪と学校』東京法令出版、1996年。

佐藤秀夫『教育の文化史2』阿吽社、2005年。

宍戸常寿編『18歳から考える人権（第2版）』法律文化社、2020年。

嶋崎政男『図説・例解生徒指導史』学事出版、2019年。

宿谷晃弘編『学校と人権』成文堂、2011年。

神内聡『学校内弁護士』KADOKAWA〔角川新書〕、2020年。

鈴木譲「高校生・高校教師の校則意識」、友枝敏雄・鈴木譲編『現代高校生の規範意識』九
　　州大学出版会、2003年。

須田珠生『校歌の誕生』人文書院、2020年。

高野桂一『学校経営の科学化を志向する学校内部規程の研究』明治図書、1976年。

————『生徒規範の研究』ぎょうせい、1987年。

————「生徒規範に関する教育法社会学的研究(1)」『九州大学教育学部紀要（教育学部
　　門）』第31集、1985年。

————「生徒規範に関する教育法社会学的研究(2)」『九州大学教育学部紀要（教育学部
　　門）』第32集、1986年。

高旗正人「逸脱と生徒指導」『教育社会学研究』第70号、2002年。

伊達聖伸『ライシテから読む現代フランス』岩波書店、2018年。

寺川直樹「校則（ルール）って？」、名嶋義直編『10代からの批判的思考』明石書店、2020年。

辻本雅史『「学び」の復権』角川書店、1999年。

苫野一徳『ほんとうの道徳』トランスビュー、2019年。

難波知子『学校制服の文化史』創元社、2012年。

西原博史・斎藤一久編『教職課程のための憲法入門（第2版）』弘文堂、2019年。

二宮皓編『こんなに厳しい世界の校則』メディアファクトリー、2011年。

日本弁護士連合会子どもの権利委員会『子どもの権利　ガイドブック（第2版)』明石書店、2017年。

林慶行「校則と生徒指導の本質について」『日本教育法学会年報』第49号、2020年。

藤田昌士編『日本の教育課題4生活の指導と懲戒・体罰』東京法令出版、1996年。

船越勝・南洋平「高等学校における校則の見直しと三者協議会」『和歌山大学教育学部紀要教育科学』第71集、2021年。

水崎雄文『校旗の誕生』青弓社、2004年。

宮下与兵衛『高校生の参加と共同による主権者教育』かもがわ出版、2016年。

宮脇明美『丸刈り校則をぶっとばせ』花伝社、2003年。

森山昭雄編『丸刈り校則　たった一人の反乱』風媒社、1989年。

栁澤靖明・福嶋尚子『隠れ教育費』太郎次郎エディタス、2019年。

結城忠『高校生の法的地位と政治活動』エイデル研究所、2017年。

米沢広一『憲法と教育15講（第四版）』北樹出版、2016年。

四方一瀰『「中学校教則大綱」の基礎的研究』梓出版社、2004年。

その他参考資料

明治初期に出版された、各種『生徒心得』。

各都道府県の教育史。

各学校の沿革史。

各種雑誌の校則特集号（『季刊教育法』（204号・2020年、177号・2013年、79号・1990年、77号・1989年、『総合教育技術』2018年6月号、『月刊生徒指導』2018年11月号など）。

《著者略歴》

大 津 尚 志（おおつ　たかし）

　1999年、東京大学大学院教育学研究科博士課程単位取得退学
　中央学院大学商学部専任講師などを経て、現在、武庫川女子大学・学校
　教育センター准教授

主要業績

『新版　教育課程論のフロンティア』（共編著）晃洋書房、2018年。
『現代フランスの教育改革』（共著）明石書店、2018年。
『世界の学校と教職員の働き方』（共著）学事出版、2018年。
『18歳を市民にする高校教育実践』（共著）大学図書出版、2019年。
『新版　教育と法のフロンティア』（共編著）晃洋書房、2020年。
『論述型大学入試に向けて思考力・表現力をどう育むか』（共著）ミネル
　　ヴァ書房、2020年。
『校則、授業を変える生徒たち』（共著）同時代社、2021年。
　他、多数。

校則を考える
　　——歴史・現状・国際比較——

2021年7月20日　初版第1刷発行　　　＊定価はカバーに
　　　　　　　　　　　　　　　　　　　　表示してあります

　　　　　　　著　者　　大 津 尚 志ⓒ

　　　　　　　発行者　　萩 原 淳 平

　　　　　　　印刷者　　江 戸 孝 典

　　　　　　　発行所　株式会社　晃 洋 書 房
　　　　　〒615-0026　京都市右京区西院北矢掛町7番地
　　　　　　　　　　　電話　075（312）0788番代
　　　　　　　　　　　振替口座　01040-6-32280

装丁　クリエイティブ・コンセプト　印刷・製本　共同印刷工業㈱
ISBN978-4-7710-3517-1